AF568845

Wort-Gottes-Feiern
am Sonntag

Heribert Blum / Oliver Preisner

# Wort-Gottes-Feiern am Sonntag

## Vorbereitete Sonntagsgottesdienste, wenn der Priester unerwartet nicht da ist

Schwabenverlag

Um die Liedzettel im Bedarfsfall rasch zur Verfügung zu haben,
sollten sie sich ausgedruckt (und ggfs. mehrmals kopiert)
beim Buch befinden. Vorlagen können hier heruntergeladen werden:

https://shop.verlagsgruppe-patmos.de/
wort-gottes-feiern-201805.html

# Inhaltsverzeichnis

# 1. Vorwort

Ein Szenario, wie man es hin und wieder in katholischen Kirchen in den Vorabend- und Sonntagsmessen erleben kann – teilweise als seltener Ausnahmefall, aber in manchen Gemeinden leider auch häufiger: Die Gläubigen haben sich zum Gottesdienst am Wochenende oder an einem Hochfest versammelt. Alle warten auf den Einzug des Priesters und der liturgischen Dienste. Plötzlich wird bekannt, dass heute kein Priester gekommen ist, sei es, weil er plötzlich erkrankt ist oder weil er in einem Stau steht oder oder oder … Was kann jetzt getan werden? Das Kirchenrecht sieht in dieser Situation neben anderen dort aufgezählten Möglichkeiten (z. B. stilles Gebet) vor, dass die Gläubigen an einer Wort-Gottes-Feier teilnehmen sollen. Diese Gottesdienstform kann nämlich ohne Priester gefeiert werden. Aber wer soll die Leitung übernehmen? Ist ein Diakon oder auch ein/e Wort-Gottes-Feier-LeiterIn anwesend, wird diesen sicherlich diese Rolle zufallen. Aber selbst solche „Profis" sind dankbar, wenn sie in einer Situation, in der sie aus heiterem Himmel die Leitung einer Wort-Gottes-Feier übernehmen sollen, auf ein vorbereitetes Modell zurückgreifen können.

Fehlt auch ein solcher „Profi", dann wird die Aufgabe, mit der Gemeinde jetzt eine Wort-Gottes-Feier zu halten, in aller Regel wohl auf die bei Sonntags- und Feiertagsgottesdiensten anwesenden LektorInnen und KommunionhelferInnen zukommen. Als liturgische Dienste sind ihnen im Gegensatz zu den meisten anderen Gläubigen der Altarraum und das Sprechen von Texten im Gotteshaus vertraut. Ohne ein gutes Konzept werden sie aber mit der Leitung einer Wort-Gottes-Feier überfordert sein. In solchen Notlagen möge das vorliegende Buch helfen, das für die verschiedenen Zeiten des Kirchenjahres entsprechende Gottesdienstmodelle einschließlich der notwendigen „Regieanweisungen" enthält. Um den Überblick in dieser ungewohnten Situation zu behalten, sind die zu sprechenden Texte in Schwarz und die Verhaltensregeln („Rubriken") in Rot gedruckt.

Daneben dürfte es aber sinnvoll sein, die LektorInnen und KommunionhelferInnen auf diese Situation vorzubereiten und sie mit den angebotenen Gottesdienstmodellen vertraut zu machen. Wer in dieser Lage, die zumindest für die meisten KommunionhelferInnen und LektorInnen völlig ungewohnt ist und deshalb den Puls mächtig in die Höhe schnellen lässt, erstmals in dieses Buch schaut, wird den anstehenden Gottesdienst kaum problemlos leiten können. Wenn – wie in vielen Gemeinden – der Ausfall des Priesters ein eher seltener

Ausnahmefall ist, empfiehlt es sich, wie bei der freiwilligen Feuerwehr diesen Notfall in größeren Zeitabständen zu üben.

Die nachstehenden Gottesdienstmodelle und die regelmäßige Übung des Notfalls haben in der Gemeinde der beiden Verfasser dieses Buches dazu geführt, dass KommunionhelferInnen und LektorInnen in Notsituationen eine ansprechende Wort-Gottes-Feier mit der Gemeinde begehen konnten. In den seltenen Fällen, in denen das erforderlich war, kam jeweils nach dem Gottesdienst aus dem Kreis der Gläubigen Anerkennung und Zustimmung für diese Notfalllösung.

Da es wichtig erschien, das Buch handlich und übersichtlich zu gestalten, wurde die Auswahl bewusst beschränkt auf je ein Gottesdienstmodell für die unterschiedlichen Zeiten des Kirchenjahres. Ohnehin wird bei jeder Benutzung auf die Lesungen und das Evangelium des aktuellen Sonntags oder Hochfestes zurückgegriffen. Für die Lieder gibt es stets mindestens zwei Vorschläge. Sinnvoller ist es aber, die von dem/der KirchenmusikerIn ausgewählten Lieder zu singen, auch weil sie regelmäßig auf den konkreten Gottesdienst und die Schriftlesungen des Tages abgestimmt sind. Bei den Fürbitten kann man neben den hier gemachten Vorschlägen eigene Fürbittbücher oder -formulare einsetzen. In der Regel eignet sich neben den vorgeschlagenen Orationen das im Messbuch[1] vorgesehene Tagesgebet. Selbst wenn sich die Notfälle einmal häufen sollten, lässt sich so immer eine individuelle Wort-Gottes-Feier gestalten. Feststehende und sich wiederholende Teile gibt es auch in jeder Messfeier und den Gläubigen helfen solche festen Texte und Gesten zur Orientierung.

Das Buch ist in erster Linie als Hilfsmittel für den Notfall an Sonntagen und Hochfesten gedacht. Es enthält aber auch Hinweise für den Gebrauch an Werktagen und kann ggfs. ebenso bei dem unerwarteten Ausfall von Messfeiern an Werktagen eingesetzt werden.

Möge das vorliegende Buch in den Gemeinden nur selten zum Einsatz kommen. Wenn der Notfall doch einmal eintritt, möge es den LeiterInnen oder auch dem Leitungsteam helfen, einen würdigen Gottesdienst zu feiern.

Kerpen-Sindorf, im Juni 2021

Heribert Blum | Oliver Preisner

---

[1] Die Texte des Messbuchs sowie die Schriftlesungen sind für den jeweiligen liturgischen Tag in mehreren Ausgaben übersichtlich zusammengestellt, z. B. im Schott-Messbuch (Verlag Herder), im Laacher Messbuch (Verlag Katholisches Bibelwerk) oder im Messbuch des Verlags Butzon & Bercker.

# 2. Eine Einführung in die Wort-Gottes-Feier

## 2.1 Der Notfall ist eingetreten – Was ist zu tun?

Es ist Sonntagmorgen. Die Gemeinde hat sich zur Eucharistiefeier versammelt. Eigentlich hätte der Gottesdienst schon vor einigen Minuten beginnen sollen. Aber bis jetzt ist noch kein Priester gekommen, aus welchem Grund auch immer. Was kann man machen, wenn ein solcher Notfall eintritt? Wie bei den meisten brenzligen Situationen im Leben sollte man zunächst einmal Ruhe bewahren, auch wenn die Lage schwierig ist.

Das Gesetzbuch des Kirchenrechts der römisch-katholischen Kirche, der Codex Iuris Canonici (CIC), sieht für diesen Fall u. a. vor, dass die versammelte Gemeinde eine Wort-Gottes-Feier begeht.[1] Das Direktorium „Sonntäglicher Gemeindegottesdienst ohne Priester" der Gottesdienstkongregation rät in einer solchen Situation, zunächst zu überlegen, ob die Gläubigen eine in der Nachbarschaft gelegene Kirche aufsuchen können, um dort an der Feier der Eucharistie teilzunehmen.[2] Ist dies nicht möglich, wird empfohlen, eine Wort-Gottes-Feier zu begehen, die – wo es angemessen erscheint – durch die Kommunion abgeschlossen werden kann.[3] Jedoch ist in solchen Fällen stets der Ersatzcharakter einer solchen Feier zu betonen.

Vielfach wird noch der Begriff des *Wortgottesdienstes* verwandt. Aber schon seit einer Reihe von Jahren wird in den offiziellen kirchlichen Dokumenten diese Gottesdienstform als *Wort-Gottes-Feier* bezeichnet. Mit dieser Bezeichnung schafft man auch eine deutliche Abgrenzung zum ersten Hauptteil der Messfeier, der Wortgottesdienst heißt.[4] Ebenso nennt das seit 2013 im deutschen Sprachraum benutzte (neue) Gotteslob diese Gottesdienstform „Wort-Gottes-Feier".[5] Mit diesem Ausdruck tritt die Bedeutung viel deutlicher hervor: Wir feiern das Wort Gottes. Im Übrigen umfasst die Wort-Gottes-Feier mehr Elemente als der Wortgottesdienst der Heiligen Messe, der mit der (ersten) Lesung beginnt und mit den Fürbitten endet. Zur Wort-Gottes-Feier ge-

---

[1] Canon 1248 § 2 CIC.
[2] CCD, Nr. 18.
[3] CCD, Nr. 20.
[4] Ausführlich dazu: Blum, S. 148 f.
[5] Siehe GL 668 ff.

hören neben weiteren Elementen zusätzlich ein Einleitungsteil sowie ein Schlussteil und im Einzelfall eine Kommunionfeier.

Zunächst stellt sich die Frage: Wer sollte in diesem Ausnahmefall die *Leitung des Gottesdienstes* übernehmen? Sofern ein Diakon anwesend ist, wäre es sicherlich seine Aufgabe. Ähnliches gilt für ausgebildete und vom Bischof beauftragte LeiterInnen von Wort-Gottes-Feiern. Wenn sich aber niemand aus diesem Personenkreis unter den Gläubigen befindet, kommen regelmäßig in erster Linie LektorInnen und KommunionhelferInnen für die Leitung eines solchen Gottesdienstes in Betracht, weil sie zumindest über eine gewisse liturgische Erfahrung verfügen. Ihnen ist der Aufenthalt im Altarraum vertraut, und sie sind es gewohnt, in der Kirche vor der Gemeinde zu sprechen und zu agieren. In den meisten Bistümern ist allerdings für die Leitung von Wort-Gottes-Feiern eine *Beauftragung durch den Bischof* erforderlich, die zweifellos ihre Bedeutung hat, weil der Bischof für die Liturgie in seiner Diözese die Verantwortung trägt. Er ist quasi der Vorsteher aller liturgischen Feiern in seinem Bistum. Nur durch einen entsprechenden Auftrag wird die Einheit mit dem Bischof deutlich. Über diese Beauftragung zur Gottesdienstleitung verfügen die genannten liturgischen Dienste regelmäßig nicht. Deshalb ist abzuwägen, was jetzt wichtiger ist: im vorliegenden Ausnahmefall ohne besondere Beauftragung einen Gottesdienst mit der Gemeinde zu feiern oder eben mangels Vorliegens der Beauftragung die Gläubigen ohne Gottesdienst nach Hause zu schicken. In dieser Ausnahmesituation kann man wohl von einem stillschweigenden Auftrag des Bischofs ausgehen, dem der Gottesdienst mit der Gemeinde in dieser Notlage sicherlich ein Anliegen sein wird.

In der Vergangenheit hat man die Wort-Gottes-Feier weitgehend parallel zum Einführungsteil und zum Wortgottesdienst der Messfeier gestaltet. Seit einiger Zeit werden manche Elemente an einer anderen Stelle eingefügt oder entfallen teilweise auch ganz.[6] Einzelne Teile werden auch anders bezeichnet (z. B. heißt das „Tagesgebet" in der Wort-Gottes-Feier „Eröffnungsgebet"). Mit diesen Veränderungen ist beabsichtigt, die Wort-Gottes-Feier deutlicher von der Messfeier abzugrenzen.

Bei einer Wort-Gottes-Feier im Notfall empfiehlt sich jedoch in aller Regel, die alte (klassische) Form zu wählen. Davon gehen auch die vorgeschlagenen Modelle in diesem Buch aus, da in vielen Gemeinden die Wort-Gottes-Feier noch wenig bekannt ist. In diesen Fällen führt die im Gotteslob angegebene „moderne" Form möglicherweise bei den Gläubigen zu einer gewissen Verwirrung. Außerdem sind LektorInnen und KommunionhelferInnen, die nicht in der Leitung von Wort-Gottes-Feiern ausgebildet sind, mit der an die Messfeier an-

[6] Siehe z. B. das Modell einer Wort-Gottes-Feier im Gotteslob Nr. 669 ff.

gelehnten Weise vertrauter als mit der etwa im Gotteslob vorgesehenen Form. Soweit auf die von dem/der KirchenmusikerIn ausgesuchten Lieder zurückgegriffen werden soll, so waren diese Lieder ursprünglich für die Messfeier bestimmt und stehen deshalb auch in dieser Reihenfolge. Schließlich hat die klassische Form in dem Fall, dass doch noch ein Priester (verspätet) kommt, den Vorteil, dass der begonnene Gottesdienst – was natürlich nicht der reinen Lehre entspricht – doch noch als Messfeier fortgeführt werden könnte.

Grundsätzlich ist die Liturgie kein Ort für *Alleinunterhalter*. Bewusst hat das Zweite Vatikanische Konzil verschiedene, meist schon in der frühen Kirche bekannte liturgische Dienste wiederbelebt. Die Vielfalt dieser liturgischen Dienste sollte nach Möglichkeit in jedem Gottesdienst deutlich werden. Das gilt auch für die (normale) Wort-Gottes-Feier. Neben dem/der LeiterIn sollten z. B. auch LektorInnen und KantorInnen ihren Dienst versehen. In einer Notfallsituation besteht darüber hinaus der Vorteil, dass man nicht allein im Altarraum steht, sondern sich in einem Team weiß. Der/die LeiterIn hat vor allem die Gelegenheit, wenn andere Dienste gerade ihre Aufgabe wahrnehmen, sich noch einmal über den weiteren Ablauf des Gottesdienstes zu informieren. Das ist zwar nicht der Idealfall, da sie bzw. er normalerweise wie alle anderen Gläubigen auf das Wort Gottes hören sollte, das der/die LektorIn gerade vorträgt. Aber in einer solchen Ausnahmesituation darf man sicherlich von diesem Grundprinzip abweichen.

Denkbar sind für die Liturgie im Notfall verschiedene Ausgangssituationen. Manchmal erfährt man schon einige Zeit vor dem Beginn des Gottesdienstes, dass kein Priester der Liturgie vorstehen wird. Das ist natürlich unter den gegebenen Umständen optimal. Den Beteiligten steht eine gewisse Zeit zur Vorbereitung zur Verfügung. Man kann in Ruhe alle Punkte der Checkliste aus Kapitel 3 dieses Buches durchgehen und pünktlich mit dem Gottesdienst beginnen.

Deutlich turbulenter ist die Lage, wenn der Zeitpunkt für den Beginn der eigentlich vorgesehenen Messfeier bereits überschritten ist. Der/die KüsterIn läuft aufgeregt durch die Kirche und sucht nach einem „Opfer“, dem man jetzt die Lösung des Notfalls überlassen kann. In dieser Situation bleibt kaum Zeit für eine *Vorbereitung der Wort-Gottes-Feier*. Erfahrungsgemäß verlassen schon bald die ersten Gläubigen die Kirche. Das führt zu einer gewissen Sogwirkung. Wenn jetzt nicht unverzüglich der Gottesdienst beginnt, hat sich die weitere Planung erübrigt. Gegebenenfalls sollte der/die KirchenmusikerIn durch Orgelspiel oder Instrumentalmusik den (kurzen) Zwischenraum ausfüllen. Wenn möglichst umgehend mit dem Gottesdienst angefangen wird, bleibt regelmäßig die Gemeinde zusammen und keiner entfernt sich. Sofern es noch Personen „im Hintergrund“ gibt (z. B. ein/e fähige/r KüsterIn oder weitere liturgische

Dienste), kann auch nach dem Beginn des Gottesdienstes noch ein Teil der Vorbereitung erfolgen. Es könnten etwa in der Sakristei aus einem vorhandenen Fürbittbuch passende Fürbitten herausgesucht werden und dann rechtzeitig den Handelnden im Altarraum bzw. am Ambo nachgereicht werden.

Sinnvoll ist es immer, nach einer kurzen Abstimmung mit dem/der KirchenmusikerIn diesem bzw. dieser die *Liedauswahl* zu überlassen. In aller Regel hat er bzw. sie auch schon eine passende Liedauswahl für den konkreten Gottesdienst an diesem Sonntag oder Hochfest getroffen. Die in den einzelnen Modellen vorgeschlagenen Lieder müssen natürlich für jeden Sonntag und jedes Hochfest in diesem Abschnitt des Kirchenjahres passen und sind deshalb allgemein gehalten. Sie können daher nicht auf die Lesungen und das Evangelium und die sonstige Liturgie des Tages abgestimmt sein. Deshalb sollte man grundsätzlich den von dem/der KirchenmusikerIn ausgewählten Liedern den Vorrang geben.

## 2.2 Grundwissen für die Wort-Gottes-Feier

Für die Leitung von Wort-Gottes-Feiern ist es hilfreich, über gewisse liturgische Grundkenntnisse zu verfügen. An dieser Stelle sollen einige Aspekte kurz erläutert werden.[7] Was versteht man eigentlich unter dem Wort *„Liturgie"*? Der Begriff stammt ursprünglich aus dem griechischen Staatswesen. Man verstand darunter den Dienst der Obrigkeit am Volk. Die Christen haben den Begriff sehr schnell auf ihre Situation umgedeutet. Ihre Obrigkeit ist Gott allein, und er leistet dem Volk seinen Dienst. Nach christlicher Vorstellung ist Gott immer der Ersthandelnde. Er hat uns geschaffen und ins Dasein gerufen. Auch im Gottesdienst geht die Initiative von ihm aus. Er ruft – wie es in einem bekannten Kirchenlied[8] heißt – sein Volk zusammen und spricht uns in seinem Wort an. Darauf können wir nur antworten (re-agieren oder ant-worten). Liturgie heißt also in erster Linie Gottes Dienst an uns.[9] Dessen sollten wir uns immer bewusst sein, vor allem, wenn wir an der Gestaltung eines Gottesdienstes mitwirken. Nicht wir sind die Macher, sondern Gott ist der Handelnde. Wir stellen uns lediglich in seinen Dienst.

---

[7] Umfangreichere liturgische Grundkenntnisse vermittelt Blum, Gottes Dienst an uns (siehe Literaturverzeichnis).

[8] GL 477 – Die erste Strophe ist vielleicht nicht unbedingt für eine Wort-Gottes-Feier geeignet, weil in dieser Gottesdienstform gerade keine Eucharistiefeier begangen wird („... er bricht mit uns das Brot").

[9] Blum, S. 10 ff.

Die höchste Form der Liturgie ist die Messfeier. Sie ist – wie es das Zweite Vatikanische Konzil formuliert hat – „Quelle und Höhepunkt des ganzen christlichen Lebens".[10] Allerdings darf man die Liturgie nicht isoliert für sich betrachten. Aus der Liturgie (dem gefeierten Glauben) erwachsen die übrigen Grundvollzüge (Hauptaufträge) der Kirche, nämlich die Verkündigung der Frohen Botschaft („Martyria" – der bezeugte Glaube), der Dienst am Nächsten („Diakonia" – der angewandte Glaube) sowie das Leben des Glaubens in Gemeinschaft („Koinonia" – der gelebte Glaube). Deshalb steht am Ende der Heiligen Messe und auch der Wort-Gottes-Feier der Sendungsauftrag: Das Wort Gottes, das wir im Gottesdienst gehört haben, sollen wir in die Tat umsetzen. Aus dem in der Eucharistiefeier empfangenen Leib Christi erwächst unsere Verpflichtung zum Einsatz in der Welt.

Der *liturgische Tag* entspricht grundsätzlich unserem bürgerlichen Tag. Eine Ausnahme bilden Sonntage und Hochfeste. In Anlehnung an den jüdischen Sabbat beginnen in der Liturgie Sonntage und Hochfeste bereits mit dem späten Nachmittag des Vortages, also z. B. der Sonntag schon mit dem späten Samstagnachmittag. Deshalb ist die Vorabendmesse an Samstagen eine Sonntagsmesse.[11] Entsprechendes gilt für Hochfeste. Soweit in einem Notfall eine Vorabendmesse durch eine Wort-Gottes-Feier ersetzt wird, nimmt man also die entsprechenden Texte vom Sonntag oder vom Hochfest. Viele Hochfeste haben sogar für den Vorabend eigene Formulare, die im Messbuch und im Messlektionar (auch z. B. im Schott-Messbuch) angegeben sind.

Der liturgische Kalender unterscheidet liturgische Tage hinsichtlich ihres Ranges. Den höchsten Rang haben die *Hochfeste*.[12] Hierzu zählen Ostern, Weihnachten, Pfingsten u. a.[13] Auch einige Marienfeste – aber keinesfalls alle – werden von der Kirche als Hochfeste gefeiert.[14] Darüber hinaus wird auch

---

[10] Lumen gentium 11.

[11] Siehe auch Can. 1248 § 1 CIC.

[12] Fällt ein Hochfest auf einen Sonntag, verdrängt es in liturgischer Hinsicht diesen Sonntag mit Ausnahme der Sonntage des Advents, der österlichen Bußzeit (Fastenzeit) oder der Osterzeit. In diesen Fällen wird das Hochfest am nächstmöglichen Tag nachgefeiert.

[13] Z. B. Erscheinung des Herrn (Dreikönige) am 6. Januar, Verkündigung des Herrn am 25. März, Christi Himmelfahrt, das Hochfest des Leibes und Blutes Christi (Fronleichnam), Heiligstes Herz Jesu, Allerheiligen am 1. November (in der Reihenfolge der Feiern im Kirchenjahr).

[14] Z. B. das Hochfest der Gottesmutter Maria am 1. Januar, die Aufnahme Mariens in den Himmel am 15. August, das Hochfest der ohne Erbsünde empfangenen Jungfrau und Gottesmutter Maria am 8. Dezember.

herausragender Heiliger mit einem Hochfest in der Weltkirche gedacht.[15] Zusätzlich werden im Einzelfall auch Heilige mit regionaler Bedeutung in einzelnen Bistümern oder Orten mit einem Hochfest geehrt.[16]

Die zweithöchste Stufe bilden die *Feste*. Insbesondere der Apostel wird mit einem Fest gedacht. Seit einigen Jahren wird auch Maria Magdalena am 22. Juli mit einem Fest geehrt, aber auch andere bedeutende Heilige werden in der Liturgie mit einem Fest hervorgehoben.[17] Auch hier spielen teilweise regionale Besonderheiten eine Rolle. Alle übrigen Heiligen erhalten in der Liturgie einen *Gedenktag*, der manchmal als „gebotener Gedenktag" vermerkt ist.

Da die zahlreichen Besonderheiten in der Rangordnung der liturgischen Tage für einen nicht in der Materie Bewanderten kaum überschaubar sind, gibt jede Diözese für ihren Bereich ein sogenanntes *Direktorium* heraus. Das ist ein liturgischer Kalender, der für jeden Tag des Jahres die liturgischen Eigenheiten regelt, die in diesem Bistum zu beachten sind. Angegeben sind z. B. der liturgische Rang des jeweiligen Tages, die liturgische Farbe, die Schriftlesungen sowie ob eine Messe mit oder ohne Gloria bzw. Credo zu feiern ist. Ein solches Direktorium liegt üblicherweise in jeder Sakristei bereit. Die meisten Bistümer haben zusätzlich dieses Direktorium auch auf ihrer Homepage veröffentlicht. Ein Blick in diesen liturgischen Kalender, der in jedem (Kirchen-)Jahr neu erscheint, kann also hilfreich sein.

Von einer gewissen Wichtigkeit sind ferner Grundkenntnisse über das *Kirchenjahr*, wobei auch hier das Direktorium weiterhelfen kann. Das Kirchenjahr beginnt mit dem *Weihnachtsfestkreis*, der aus der Advents- und der Weihnachtszeit besteht. Den Anfang bildet der erste Adventssonntag (bzw. der Vorabend des ersten Adventssonntags). Mit dem Vorabend des ersten Weihnachtstages fängt die Weihnachtszeit an, die mit dem Fest der Taufe des Herrn am Sonntag nach dem Hochfest „Erscheinung des Herrn" (bisweilen auch „Dreikönige" genannt) endet.[18]

---

[15] Z. B. die Geburt Johannes' des Täufers am 24. Juni, die Apostel Petrus und Paulus am 29. Juni oder der heilige Josef am 19. März.

[16] Z. B. wird in der Stadt Köln die heilige Ursula als Stadtpatronin am 21. Oktober mit einem Hochfest geehrt.

[17] Z. B. der heilige Stephanus am 26. Dezember, die Unschuldigen Kinder am 28. Dezember, die Bekehrung des Apostels Paulus am 25. Januar, der heilige Cyrill am 14. Februar, die heilige Katharina von Siena am 29. April, der heilige Bonifatius am 5. Juni usw.

[18] Bis zur Liturgiereform 1970 dauerte die Weihnachtszeit bis zum Fest der Darstellung des Herrn am 2. Februar (auch „Mariä Lichtmess" genannt). Aus diesem Grund bleiben in vielen Kirchen die Weihnachtskrippen bis zum 2. Februar stehen.

Am darauffolgenden Montag beginnt der erste Teil der Zeit im *Jahreskreis*. Von Ausnahmen abgesehen, ist das äußerlich daran zu erkennen, dass in der Liturgie die grüne Farbe Verwendung findet. Der Jahreskreis wird mit dem Aschermittwoch unterbrochen. Es schließt sich der *Osterfestkreis* an, dessen erste Hälfte die österliche Bußzeit (Fastenzeit) bildet. Mit der Feier der Osternacht beginnt die österliche Zeit (Osterzeit), die bis Pfingstsonntag dauert.[19] Nach Pfingsten wird die mit Aschermittwoch unterbrochene Zeit im Jahreskreis fortgesetzt. Hat ein Jahr nur 33 allgemeine Sonntage, überspringt man jene Woche, die nach Pfingsten an der Reihe wäre. So fallen am Ende des Kirchenjahres die liturgischen Texte der 33. und 34. Woche mit ihrem endzeitlichen Gepräge nicht aus.

Wichtig ist eine korrekte *Anrede Gottes*. Das Christentum gehört mit dem Judentum und dem Islam zu den drei großen monotheistischen Religionen. Zwar wird das manchmal im Hinblick auf den Glauben der Christen an einen dreifaltigen Gott bestritten. Aber die Christen glauben nicht an mehrere Götter, sondern an den einen Gott in drei Personen. Das große Geheimnis der Dreifaltigkeit kann hier nicht näher behandelt werden. Für die Liturgie ist aber wichtig, dass bei der Anrede unterschieden wird zwischen Vater, Sohn und Heiligem Geist.

Mit wenigen Ausnahmen richten sich die Tagesgebete (Eröffnungsgebete) immer an Gott Vater. Auch das Eucharistische Hochgebet wendet sich ohne Ausnahme an den Vater, während die Kyrie-Rufe stets an Jesus Christus gerichtet sind, da die frühen Christen mit dem „Kyrios" Jesus Christus meinten.[20]

In selbstverfassten Texten werden solche Regeln bisweilen nicht beachtet, ja, in Einzelfällen wechselt die Anrede hin und her. Immer wieder erlebt man das bei selbstformulierten Fürbitten. Es sollte klar erkennbar sein, an welche der göttlichen Personen man das Gebet richtet.

## 2.3 Allgemeine Regeln bei der Wort-Gottes-Feier

Wie schon erwähnt, sollte man ebenso wenig wie der Priester bei der Messfeier auch in von Laien geleiteten Wort-Gottes-Feiern als *„Alleinunterhalter"* auftre-

---

[19] Dass das Pfingstfest auch am darauffolgenden Pfingstmontag gefeiert wird, ist eine Besonderheit des deutschen Sprachraums. In den meisten Gegenden der Weltkirche ist der Pfingstmontag unbekannt.

[20] Die Römer begrüßten mit dem Ruf „Kyrie, eleison" den Kaiser nach der Rückkehr aus einer siegreichen Schlacht oder ebenso die im Osten aufgehende Sonne. Die Christen haben Jesus Christus als ihren Herrn und Herrscher und als die aufgehende Sonne angesehen und deshalb diesen Ruf auf ihn umgewidmet.

ten. Grundsätzlich z. B. soll der Priester den Vortrag der Lesungen den LektorInnen überlassen.[21] Damit kommt zum Ausdruck, dass auch der Priester in erster Linie Hörender des Wortes Gottes ist. Das Evangelium soll, sofern ein Diakon anwesend ist, von diesem verkündet werden. So soll auch ein Laie als Leiter einer Wort-Gottes-Feier anderen liturgischen Diensten ihre Rolle überlassen. Nach Möglichkeit soll er etwa nicht selbst die Lesungen verkünden. In jeder liturgischen Feier soll die Vielfalt der Dienste zutage treten, da – um beim Bild des Apostels Paulus zu bleiben[22] – der Leib Christi aus vielen unterschiedlichen Gliedern besteht. Das soll auch in der Liturgie deutlich werden. Nicht zuletzt wird so auch der Grundsatz der vollen, bewussten und tätigen Teilnahme („actuosa participatio") aller verdeutlicht, wie es das Zweite Vatikanische Konzil in der Konstitution „Sacrosanctum Concilium" formuliert hat.

Eine Frage, die häufig auftaucht, ist die, ob *MessdienerInnen* zur Wort-Gottes-Feier gehören. In früheren Zeiten wirkten bei (fast) allen Andachten MessdienerInnen mit. Warum sollen sie nicht auch in der Wort-Gottes-Feier ihren Dienst ausüben, zumal sie mehrere Aufgaben übernehmen können? So sollten etwa MessdienerInnen die Evangelienprozession oder, wenn in der Wort-Gottes-Feier die heilige Kommunion ausgeteilt wird, ggfs. das Allerheiligste bei der Übertragung vom Tabernakel zum Altar (Sakramentsprozession) mit Flambeaux (Leuchtern) begleiten. Im Übrigen würde es mancher Messdienerin und manchem Messdiener die Anwesenheit bei der Wort-Gottes-Feier erleichtern, wenn sie ihren Dienst auch bei dieser Gottesdienstform verrichten könnten. Sie sind ja in der Regel zur Kirche gekommen, um in der eigentlich vorgesehenen Heiligen Messe zu ministrieren.

Laien vermeiden alle Formulierungen, auf die die Gläubigen mehr oder weniger automatisch mit den Worten „Und mit deinem Geiste" antworten, also insbesondere entsprechende Formulierungen, die Kleriker verwenden. Darunter fällt auch der Zuruf: „Der Herr sei mit euch." Zwar dürfen auch Laien den Gläubigen die Nähe des Herrn wünschen. Aber die übliche Antwort darauf ist unangebracht. Lateinisch heißt sie: „Et cum spiritu tuo." Manche übersetzen diese lateinische Wendung fälschlich mit den Worten: „Und auch mit dir." Dabei sollte man aber wissen: Unter dem lateinischen Wort „spiritus" („Geist" = „Heiliger Geist") ist die Amtsgnade des Klerikers (Bischof, Priester, Diakon) zu verstehen, die er bei seiner Weihe empfangen hat. Da ein Laie diese besondere Amtsgnade des Klerikers nicht hat, darf ihm diese auch nicht in der Wort-Gottes-Feier zugesprochen werden. Somit entfällt an verschiedenen Stellen

---

[21] AEM Nr. 66: „Der Lektor hat in der Eucharistiefeier eine eigene Aufgabe, die er auch dann ausüben soll, wenn Mitwirkende der höheren Weihegrade anwesend sind."
[22] Z. B. 1 Kor 12,12 ff., Kol 3,15.

der Zuruf „Der Herr sei mit euch." Das gilt z. B. für die liturgische Begrüßung, für die Einleitungsworte vor dem Evangelium, den Friedensgruß oder die Einleitung des Schlusssegens. Für die liturgische Begrüßung enthalten die einzelnen Gottesdienstmodelle Vorschläge. Bei den Einleitungsworten zum Evangelium und vor dem Schlusssegen sollte man die Formel „Der Herr sei mit euch" weglassen.

Ähnlich wie in Bischofskirchen auf der Kathedra nur der Diözesanbischof Platz nimmt, so ist der *Priestersitz* dem geweihten Vorsteher der Gemeinde, also dem Priester, vorbehalten. Deshalb dürfen Laien diesen Sitz nicht benutzen, sondern der/die LeiterIn sollte sich eine andere Sitzmöglichkeit suchen, von wo aus sie/er für die Gemeinde gut sichtbar ist, weil sie bzw. er den Gottesdienst leitet. Soweit am Priestersitz ein Mikrofon vorhanden ist, sollte dies an den Platz der Leiterin bzw. des Leiters umgesetzt werden. Von dieser Stelle aus übernimmt sie bzw. er viele seiner Aufgaben, soweit es nicht um die eigentliche Wortverkündigung geht, die an den *Ambo* gehört. Lediglich während der Kommunionfeier – sofern eine solche vorgesehen ist – tritt der/die LeiterIn an den *Altartisch*.

Der Priester spendet den *Segen* „in persona Christi". Deshalb spricht er die Segensformel auch immer in der Euch-Form. Da Laien keine Kleriker sind, schließen sie sich, wenn sie Segensworte sprechen, stets selbst mit ein und formulieren daher die Segensworte in der Uns-Form. Hierbei kann auch die in der Tagzeitenliturgie übliche Segensformel „Der Herr segne uns, er bewahre uns vor Unheil und führe uns zum ewigen Leben" Verwendung finden. Die um den Segen bittenden Gläubigen und gegebenenfalls zu segnende Gegenstände können von Laien mit Weihwasser besprengt werden. Die Gebärde der *Handauflegung* oder des *Ausbreitens beider Hände über die Gemeinde* während der Segnung bleibt den Bischöfen, Priestern und Diakonen vorbehalten.[23] Laien können bei der Segnung von Personen diesen ein Kreuz auf die Stirn zeichnen. Bei Segnungen sind die Regeln der pastoralen Einführung ins *Benediktionale*[24] zu beachten. Je stärker eine Segensfeier die ganze Gemeinde betrifft und auf die sakramentale Mitte des kirchlichen Lebens bezogen ist, desto mehr ist ihre Leitung Sache des Pfarrers, der sie nach Möglichkeit selbst wahrnehmen wird.[25]

Auch beim *Entlassungsgruß* besteht ein Unterschied zwischen dem Priester und den Laien. Der Priester entlässt die Gemeinde im Auftrag Jesu Christi und

---

[23] Die deutschen Bischöfe: Zum gemeinsamen Dienst berufen, Nr. 64.

[24] Beim Benediktionale handelt es sich um ein Buch, in dem zahlreiche Segensgebete über Menschen und Gegenstände enthalten sind. In der Regel findet man das Benediktionale in der Sakristei.

[25] Benediktionale, Pastorale Einführung, Nr. 18.

kann deshalb sagen: „Gehet hin in Frieden!" Diese Vollmacht haben Laien nicht. Für die LeiterInnen von Wort-Gottes-Feiern gibt es verschiedene Varianten, die ähnlich wie beim Segen zum Ausdruck bringen, dass „wir" jetzt in den Alltag zurückkehren und dort unseren Auftrag als Christen erfüllen wollen. So könnte man etwa formulieren: „Gehen wir nun hin und tragen Gottes Botschaft der Liebe und des Friedens hinaus in die Welt." Man könnte auch auf den Schlussruf in der Tagzeitenliturgie zurückgreifen: „Singet Lob und Preis." – „Dank sei Gott dem Herrn."

## 2.4 Der Ablauf der Wort-Gottes-Feier (im Notfall – ohne Kommunionausteilung)

Der Ablauf einer Wort-Gottes-Feier im Notfall unterscheidet sich grundsätzlich nicht von einer „normalen" Wort-Gottes-Feier, bei der man in der Regel die „neue Form", wie sie z. B. im Gotteslob von 2013 (GL 668) zu finden ist, wählen wird. Die „alte Form", die sich stärker am Wortgottesdienst der Messfeier orientiert, wurde nach (Wieder-)Einführung der Wort-Gottes-Feier nach dem Zweiten Vatikanischen Konzil zunächst häufig verwendet. Alte und neue Form weichen lediglich in einigen Punkten voneinander ab. Durch diese Abweichungen soll der Unterschied dieser Gottesdienstformen zur Heiligen Messe deutlicher hervorgehoben werden. Man kann jedenfalls weitgehend auf Anleitungen zu (allgemeinen) Wort-Gottes-Feiern zurückgreifen.

Nach einer Vorbereitung und den erforderlichen Absprachen, die im Notfall möglichst knapp ausfallen müssen, verlässt der/die LeiterIn mit den liturgischen Diensten die Sakristei. Es ist eine alte Tradition, dass beim *Verlassen der Sakristei* der Priester – und bei dessen Fehlen der/die LeiterIn – die Worte spricht: „Unsere Hilfe ist im Namen des Herrn." Darauf antworten die anderen liturgischen Dienste: „Der Himmel und Erde erschaffen hat." Zu Beginn des Gottesdienstes versichern sich die Beteiligten der Hilfe Gottes. Gott legt dem/der LeiterIn und den übrigen Diensten sozusagen seine Hand auf die Schulter und bringt zum Ausdruck, dass er ihnen zur Seite steht. Gerade für eine/n unerfahrene/n LeiterIn, der/die in einem Notfall erstmals die Leitung eines Gottesdienstes übernimmt, wird diese Zusage der Hilfe von oben eine gewisse Zuversicht bedeuten. Deshalb sollte man auf diese Worte beim Verlassen der Sakristei nicht verzichten.

Während des Einzugs trägt ein/e MessdienerIn oder ein/e LektorIn das Lektionar (oder das Evangeliar) und legt es entweder auf den Altar oder an die dafür vorgesehene Stelle.

Zum Einzug wird regelmäßig der übliche *Gesang zur Eröffnung* gesungen.

Vor dem Altar angekommen, machen alle Beteiligten zumindest eine tiefe (große) Verneigung,[26] um Christus, der durch den Altar symbolisiert wird, ihre Ehrfurcht zu erweisen. Befindet sich im Altarraum auch der Tabernakel, wird stattdessen eine Kniebeuge gemacht.

Danach begeben sich alle liturgischen Dienste zu den für sie vorgesehenen Plätzen. Der/die LeiterIn nimmt jedoch nicht auf dem Priestersitz, sondern auf einem anderen Sitz Platz.

Nach dem Gesang zur Eröffnung beginnt der/die LeiterIn den Gottesdienst mit dem Zeichen unserer Erlösung, dem Kreuzzeichen. Daran schließt sich die *liturgische Begrüßung* an. Dazu kann man eine der in den einzelnen Modellen vorgeschlagenen Formulierungen oder andere geeignete Wendungen gebrauchen, ohne jedoch die automatische Antwort der Gemeinde „Und mit deinem Geiste" zu provozieren.

Ob sich an die liturgische Begrüßung noch eine bürgerliche anschließen soll, ist unter Fachleuten äußerst umstritten. Gastgeber ist Jesus Christus, der uns gerade begrüßt hat. Deshalb wird teilweise vertreten, eine bürgerliche Begrüßung sei völlig fehl am Platz. Allerdings ist eine solche zusätzliche Begrüßung in vielen Gemeinden üblich. Neben der Ortsüblichkeit sollte jede/r LeiterIn diese Frage für sich persönlich beantworten.

Sofern dies bis jetzt nicht erfolgt ist, sollte spätestens jetzt der Gemeinde mitgeteilt werden, dass nun statt der vorgesehenen Messfeier eine Wort-Gottes-Feier begangen wird. In der Regel sollte die Begründung für die Änderung nur sehr knapp ausfallen („Der Pfarrer konnte leider sehr kurzfristig nicht kommen"). Hintergründe für das Fehlen des Priesters sollte man nur kundtun, wenn sie kommunizierbar sind (also nicht, wenn er z. B. verschlafen hat; etwas anderes ist es, wenn er z. B. zu einem Sterbenden gerufen wurde).

Daraufhin folgt das *Allgemeine Schuldbekenntnis*. Das Messbuch sieht hierfür die drei unterschiedlichen Formen A, B und C vor. In allen Modellen in diesem Buch ist aus Vereinfachungsgründen die Form A, das von allen gesprochene Schuldbekenntnis, vorgesehen. Die beiden anderen Möglichkeiten können selbstverständlich ebenso gewählt werden. Das Allgemeine Schuldbekenntnis *kann* entfallen, wenn – was häufig in der Fastenzeit vorkommt – zu Beginn ein Bußlied gesungen worden ist. An Sonntagen – vor allem in der österlichen Zeit – kann anstelle des Allgemeinen Schuldbekenntnisses das

---

[26] Der Gegensatz zur großen Verneigung ist die kleine Verneigung, bei der lediglich der Kopf kurz gesenkt wird. Diese Form ist z. B. üblich, wenn am Altar etwas angereicht wird, etwa von den MessdienerInnen bei der Gabenbereitung die Kännchen. Wird Jesus Christus verehrt, geschieht das durch die große Verneigung (sofern nicht ggfs. eine Kniebeuge angebracht ist).

sonntägliche *Taufgedächtnis* (Besprengung mit Weihwasser) treten.[27] Da ein solches Taufgedächtnis entsprechend geplant werden muss, wird dieser Fall in einem Notfall-Gottesdienst allerdings häufig kaum möglich sein. Vermeiden sollte man den Begriff der Tauferneuerung, weil die Taufe ein einmaliges Sakrament ist, das man nicht wiederholen kann. Lediglich das Taufversprechen kann man erneuern.

Fortgesetzt wird der Gottesdienst mit dem *Kyrie.*[28] Neben dem gesprochenen Kyrie bzw. „Herr, erbarme dich (unser)" bietet das Gotteslob verschiedene musikalische Formen für das Kyrie an.[29] Das Kyrie ist – was leider manchmal verkannt wird – ein Huldigungsruf an Jesus Christus. Das römische Volk empfing mit diesen Worten den Kaiser, wenn er aus einer siegreichen Schlacht zurückgekehrt war. Aber auch die aufgehende Sonne wurde mit diesem Jubelruf begrüßt. Schon früh haben die Christen diesen Ruf auf Christus angewandt, der für sie die aufgehende Sonne und ihr Herrscher war. Die deutsche Übersetzung dieses Jubelrufes gibt seine Bedeutung kaum wieder. Deshalb sollte man überlegen, ob man nicht die griechische Ursprungsformel („Kyrie, eleison") verwendet. Schließlich wird auch das Halleluja in der Liturgie nicht übersetzt. Bei den Zwischenrufen (Tropen) sollte man sich an den Formulierungen im Gotteslob orientieren. Wie man unschwer erkennen kann, steht jeweils Jesus Christus im Mittelpunkt dieser Tropen und nicht wir Menschen. Wurden im Eingangslied bereits die Kyrie-Rufe mitgesungen,[30] kann das Kyrie entfallen.

An Sonntagen, Hochfesten und Festen schließt sich jetzt das *Gloria* an, das gebetet[31] oder gesungen werden kann. Das Gotteslob enthält eine Reihe von Liedern zum Gloria.[32] Es entfällt an den Sonntagen in der Advents- und der Fastenzeit. An Hochfesten und Festen wird es jedoch auch in dieser Zeit gebetet oder gesungen.

Darauf folgt das *Eröffnungsgebet* (analog zum *Tagesgebet* der Messfeier). Man kann in aller Regel in der Wort-Gottes-Feier das jeweilige Tagesgebet aus dem Messbuch nehmen. Nur ganz vereinzelt bezieht sich das Tagesgebet ausdrücklich auf die Messfeier. Entweder muss man in diesen Fällen die entsprechende Textstelle umformulieren oder man greift auf die vorgeschlagenen Gebete in den jeweiligen Gottesdienstentwürfen im Kapitel 4 dieses Buches zurück. Nach der Gebetsaufforderung „Lasset uns beten!" – das gilt auch für das Schlussgebet zum Abschluss des Kommunionteils, falls vorher keine Zeit

---

27 GL 582, 7.

28 GL 582, 8.

29 Z. B. GL 151–165 – teilweise mit Tropen (Zwischentexten).

30 Z. B. GL 224, 318, 319, 481.

31 GL 583, 1.

32 Z. B. GL 166–173.

für das stille Gebet gegeben war – sollte eine kurze *Stille* gehalten werden, da die Gläubigen gerade zum Gebet aufgefordert wurden. Alle haben in dieser Zeit der Stille die Gelegenheit, ihre Anliegen vor Gott hinzutragen. Unter Umständen kann man sogar unmittelbar im Anschluss an diese Aufforderung den Gläubigen vermitteln, dass sie jetzt ihre Anliegen still im Herzen vor Gott bringen können. Aber auch der/die LeiterIn sollte diese Stille zu einem kurzen persönlichen Gebet nutzen. Das ist die beste und eindrucksvollste Vermittlung für die Gläubigen. An die Stille schließen sich die sogenannten Collecta an. In diesem Sammelgebet werden alle einzelnen Anliegen der Gemeinde zusammengefasst und vor Gott ausgebreitet.[33]

Mit dem Eröffnungsgebet endet der Einleitungs- oder Eröffnungsteil der Wort-Gottes-Feier. Nun beginnt der Hauptteil mit der Verkündigung des Wortes Gottes, nämlich mit der *ersten Lesung* vom Tage, die aus dem entsprechenden Lektionar genommen wird. Für die Sonn- und Feiertage gibt es drei Lesejahre A, B und C und somit entsprechende Lektionare.[34]

Die Lesungen und das Evangelium dürfen nicht durch andere Texte oder „schöne Geschichten" ersetzt werden, da hier das Wort Gottes zu verkünden ist. Andere Autoren mögen zwar auch Gottes Nähe und Zuwendung in ihren Texten verdeutlichen. Aber das ist nicht das Wort Gottes selbst. Grundsätzlich sollte man die Schriftlesungen vom Tage nehmen, wie sie die Liturgie vorgibt. Zum einen wird dadurch die Einheit und die Verbundenheit mit der Weltkirche deutlich. Zum anderen sollten wir Gott nicht vorschreiben, was er uns heute sagen soll. Man sollte sich auf sein Wort einlassen – ob es uns gefällt oder nicht.

An die erste Lesung schließt sich der *Antwortpsalm* an, der unmittelbar nach der Lesung im Lektionar abgedruckt ist. Dieser Psalm ist regelmäßig auf die erste Lesung abgestimmt und vertieft die Gedanken der Lesung noch einmal. Deshalb darf dieser Psalm grundsätzlich nur in Ausnahmefällen durch ein Lied ersetzt werden.

An Sonntagen und Hochfesten folgt jetzt die *zweite Lesung*. Auf eine der beiden Lesungen kann nur ausnahmsweise („aus pastoralen Gründen") verzichtet werden. Ausnahmeregeln sind immer sehr eng auszulegen. Da in der Wort-Gottes-Feier das Wort Gottes im Mittelpunkt steht, sollten grundsätzlich beide Lesungen vorgetragen werden, auch wenn das ansonsten in der Gemein-

---

[33] Übrigens richtet sich das Tagesgebet in der Liturgie der Kirche fast immer an Gott Vater. Eine seltene Ausnahme bildet das Tagesgebet am Fronleichnamsfest.

[34] Die Lesejahre sind deckungsgleich mit den Kirchenjahren und beginnen jeweils am 1. Adventssonntag. Das Lesejahr C liegt in den Jahren, in denen die Quersumme der Jahresziffern durch 3 teilbar ist (z. B. 2022; es beginnt im Advent 2021). Die Lesejahre A und B schließen sich entsprechend an.

de entgegen den liturgischen Regeln unüblich ist. Soweit mehrere LektorInnen anwesend sein sollten, sollte dieser Dienst auch auf unterschiedliche LektorInnen verteilt werden, damit die Vielfalt der Dienste zum Ausdruck kommt.

An *Werktagen* ist üblicherweise (ausgenommen hiervon sind Hochfeste) nur *eine* Lesung vorgesehen. Außerhalb der geprägten Zeiten (also außerhalb des Weihnachts- und Osterfestkreises) gibt es an den Werktagen für die Lesungen zwei Lesejahre: I und II.[35] Das Evangelium ist für beide Lesejahre identisch.

Nach der zweiten Lesung stimmt die Gemeinde den Ruf vor dem Evangelium, das *Halleluja,* an. Das Gotteslob bietet dafür zahlreiche Varianten.[36] Mit dem Halleluja begrüßt die Gemeinde Christus. Die Erwartung, dass Christus jetzt zu ihnen spricht, reißt die Gläubigen sozusagen von ihren Plätzen. Deshalb stehen beim Anstimmen des Halleluja alle auf. In der österlichen Bußzeit (Fastenzeit) entfällt das Halleluja und wird durch den *Tractus*, Christus-Rufe, ersetzt.[37] Die Kirche verzichtet in der Fastenzeit bewusst auf das Halleluja, sodass es in der Osternacht bei der Feier der Auferstehung umso froher erschallt.

Mit der Verkündigung des *Evangeliums* folgt der eigentliche Höhepunkt der Wort-Gottes-Feier. Deshalb sollten bei der Evangelienprozession MessdienerInnen mit Leuchtern das Evangeliar begleiten. Zur Einleitung des Evangeliums kann wie in der Messfeier das Evangeliar mit Weihrauch inzensiert werden. Laien beginnen bei der Verkündigung des Evangeliums (ohne „Der Herr sei mit euch“) unmittelbar mit den Worten: „Aus dem heiligen Evangelium nach N.“ Das Evangelium muss nicht unbedingt von dem/der LeiterIn verkündet werden. Diese Aufgabe kann auch ein/e LektorIn übernehmen. Beendet wird die Verkündigung des Evangeliums mit den gleichen Worten wie auch in der Messfeier („Frohe Botschaft unseres Herrn Jesus Christus“ oder „Evangelium unseres Herrn Jesus Christus“) und – als besondere Ehrfurchtbezeugung – mit einem Kuss des Buches.

Da bei einer Wort-Gottes-Feier, die als Notfall begangen wird, in den seltensten Fällen eine vorbereitete Homilie oder Predigt (die beiden Begriffe sind nicht identisch[38]) oder ein anderer Text zur Verfügung steht, sollte man die

---

[35] In den Jahren mit ungerader Jahreszahl ist das Lesejahr I anzuwenden, in den Jahren mit gerader Jahreszahl das Lesejahr II.

[36] Z. B. GL 174, 175 und 176, 1+2.

[37] Siehe z. B. GL 176, 3–5, 560 oder 584, 9.

[38] Während die Predigt einen mehr selbständigen, von der liturgischen Feier losgelösten Charakter hat, werden in der Homilie unter Berücksichtigung des gefeierten Mysteriums die Schriftlesungen oder andere Texte der Tagesmesse ausgelegt (siehe auch Berger, Stichwort „Homilie“).

Gemeinde auf jeden Fall dazu einladen, in einer kurzen Stille das in den Lesungen und im Evangelium gehörte Wort Gottes zu bedenken. Wenn man kurzfristig einen passenden Meditationstext zur Hand hat, kann auch der an dieser Stelle vorgetragen werden. Das gilt auch für einen spontanen eigenen Gedanken – etwa zum Evangelium.

An Sonntagen und Hochfesten bekennt die Gemeinde anschließend im *Credo* (Glaubensbekenntnis) ihren Glauben an diesen Gott, von dem sie in den Lesungen und im Evangelium gehört hat. Man kann eines der beiden Glaubensbekenntnisse (das Apostolische Glaubensbekenntnis[39] oder das Große Glaubensbekenntnis[40]) sprechen oder ein passendes Lied[41] singen.[42] Man sollte bei der Formulierung der Einleitung zum Glaubensbekenntnis darauf achten, dass es sich um ein Bekenntnis und gerade nicht um ein Gebet handelt. Es richtet sich stets an den dreieinigen Gott.

Es folgen die *Fürbitten,*[43] die auch als „Allgemeines Gebet der Gläubigen" bezeichnet werden. In den Fürbitten kommt die Gemeinde ihrer Aufgabe aus ihrem allgemeinen Priestertum nach und trägt die Anliegen der Welt und der Kirche vor Gott hin.[44] Da man als Gemeinde vor Gott hintritt, erfolgen Fürbitten auch stets in der Wir-Form, nie in der Ich-Form. Es handelt sich um „Für"-Bitten. Deshalb sollten immer die anderen Menschen im Mittelpunkt stehen, nie die Betenden selbst. Aus diesem Grund sollte das Wörtchen „uns" – wenn überhaupt – höchstens einmal vorkommen. Die Fürbitten sollten nach Möglichkeit in kurzen Sätzen formuliert werden, damit die hörende Gemeinde sie auch aufnehmen kann. Zu den Fürbitten gibt es eine Fülle von Meinungen und Ratschlägen, deren Darlegung den Rahmen des vorliegenden Buches sprengen würde. Eigentlich sollten die Fürbitten aus der Gemeinde kommen, und sie können natürlich auch frei gesprochen werden. Das führt jedoch in der Praxis meistens zu einigen Problemen. Deshalb hat es sich eingebürgert, dass die

---

[39] GL 3, 4.

[40] GL 586, 2.

[41] Z. B. GL 177 ff.

[42] Am zweiten Weihnachtstag (also am Fest des hl. Stephanus), am Ostermontag und am Pfingstmontag wird kein Credo gebetet, weil es sich bei diesen Tagen um keine Hochfeste und in aller Regel um keine Sonntage handelt. Fällt etwa der 26. Dezember auf einen Sonntag, entfällt das Fest des hl. Stephanus; es wird das Fest der Heiligen Familie gefeiert und das Credo gebetet.

[43] Ein Beispiel für Fürbitten findet man unter GL 586, 4–6.

[44] Zu unterscheiden sind Bitten und Fürbitten. In den Laudes (Morgenlob) begrüßt die Kirche den Tag mit Bitten, während in der Vesper (Abendlob) Fürbitten verwendet werden. Der Unterschied liegt vor allem darin, dass der Beter in den Bitten seine eigenen Sorgen und Anliegen vor Gott hinträgt. Dagegen stehen bei den Fürbitten fremde Anliegen im Mittelpunkt.

Fürbitten in der Regel abgelesen und von einer Person – häufig ist das ein/e LektorIn – gesprochen werden. Dieser Dienst kann aber selbstverständlich auch von anderen Gläubigen übernommen werden. Besonders in einer Wort-Gottes-Feier, die begangen wird, weil ein Priester die vorgesehene Messe nicht feiern kann, sollte die Bitte um geistliche Berufungen nicht fehlen. Als Antwort auf die einzelnen Fürbitten gibt es zahlreiche (gesungene) Liedrufe.[45] Man muss nicht immer stereotyp mit den Worten „Wir bitten dich, erhöre uns" antworten.

Anders als bei Heiligen Messen werden für Wort-Gottes-Feiern üblicherweise keine *Intentionen* (Gebetsmeinungen) angenommen. Wenn nun kurzfristig anstelle der ursprünglich vorgesehenen Messfeier wegen des Fehlens eines Priesters eine Wort-Gottes-Feier begangen wird, stellt sich die Frage, wie mit den Intentionen umgegangen werden soll, zumal vielleicht Angehörige, für deren Verstorbene gebetet werden soll, von auswärts angereist sind. Selbstverständlich kann man auch in einer Wort-Gottes-Feier für diese Verstorbenen beten. Das sollte man in diesem Fall auch tun. Eine geeignete Stelle zur Nennung der Gebetsmeinungen in einer Wort-Gottes-Feier sind die Fürbitten. Da die Angehörigen eine Heilige Messe „bestellt" haben, sollten die Gebetsmeinungen später in eine Messfeier (zusätzlich) eingeschlossen werden. Dieser spätere Termin müsste zwischen der Pfarrgemeinde (Pfarrer, Pfarrbüro etc.) und den Angehörigen abgesprochen werden.

Sinnvoll erscheint es, nach den Fürbitten ein Lied zu singen, in dem die Gemeinde ihren *Dank für das gehörte Wort Gottes* zum Ausdruck bringt.

In der Wort-Gottes-Feier entfällt die Gabenbereitung. In der frühen Kirche brachten die Gläubigen bei der Gabenbereitung ihre Opfergaben – ursprünglich Naturalien – zum Altar. Aus diesen sonderte der Priester Brot und Wein für die Eucharistiefeier aus. Die übrigen Gaben wurden neben dem Altar abgelegt und später an die Notleidenden verteilt. Heute spenden die Gläubigen statt der Naturalien Geld. Da es aber in der Wort-Gottes-Feier keine Gabenbereitung gibt, gibt es eigentlich auch keinen Raum für eine *Kollekte*. Teilweise wird deshalb während des Dankliedes die Kollekte durchgeführt. Oft gibt es an den Wochenenden Sammlungen für wichtige Aufgaben der Kirchengemeinde, der Diözesan- oder der Weltkirche, die meist vorher auch angekündigt worden sind. Aus diesem Grund sollte man sicherlich nicht auf die Kollekte verzichten. Aber vielleicht liegt es nahe, am Ende des Gottesdienstes eine Türkollekte durchzuführen. Man könnte – so bieten es auch die nachfolgenden Modelle jeweils an – vor der Aussendung (Entlassung) der Gläubigen auf diese Sammlung ausdrücklich hinweisen.

---

[45] Z. B. GL 92; 181; 182; 566, 2; 586, 5; 586, 6 oder 632, 1.

An das Lied zum Dank für das gehörte Wort Gottes schließen sich das Gebet des Herrn, das *Vaterunser*, sowie der *Friedensgruß* an, mit dem alle Streitigkeiten zwischen den Gläubigen zeichenhaft beseitigt werden sollen.

Soweit noch *Vermeldungen* an die Gemeinde mitzuteilen sind – etwa der schon erwähnte Hinweis auf die Türkollekte –, könnte dies an dieser Stelle geschehen.

Beim folgenden *Segen* sprechen Laien die Segensformel in der „Uns-Form". Der/die SprecherIn schließt sich also jeweils selbst mit in den Segen ein. Soweit ein Team den Gottesdienst leitet, kann der Segen auch vom gesamten Team gemeinsam gesprochen werden.

Der *Entlassungsruf* kann mit den üblichen Worten der Messfeier oder des Stundengebetes erfolgen. Neben den in den Modellen vorgeschlagenen Formulierungen kann man auch andere Worte wählen. Ob man noch eine „bürgerliche Verabschiedung" (z. B. „Ich wünsche Ihnen noch einen schönen Sonntag") anfügen soll, bleibt dem/der LeiterIn überlassen.

Der Gottesdienst kann – soweit es in der Gemeinde üblich ist – mit einem passenden *Schlusslied* abgeschlossen werden. Teilweise wird vertreten, dass nach dem Entlassungsruf die Gläubigen in ihren Alltag gesandt sind, sodass an dieser Stelle kein Platz mehr für ein Lied sei. Man kann aber durchaus diesen Weg in den Alltag nach dem Motto „Mit Musik geht alles besser" noch mit einem Lied beginnen: Wir haben eine frohe Botschaft zu verkünden!

Da der auferstandene Christus weiter in seinem Wort in seiner Gemeinde gegenwärtig bleibt, sollte das Evangeliar beim Auszug nicht mitgenommen werden.

## 2.5 Die Kommunionausteilung im Rahmen einer Wort-Gottes-Feier (im Notfall)

Zum Teil wird heftig darüber gestritten, ob in einer Wort-Gottes-Feier die *Kommunion* ausgeteilt werden soll. Es gibt in den einzelnen deutschen Bistümern dazu sehr unterschiedliche Regelungen. Ursprünglich hatte die Würzburger Synode 1975 das Feiern von Wort- und Kommuniongottesdiensten empfohlen, sofern eine Heilige Messe nicht möglich war. 1999 hat dann aber die Deutsche Bischofskonferenz in ihrem Dokument „Zum gemeinsamen Dienst berufen", das u. a. die Mitwirkung der Laien in der Liturgie regelt, festgelegt, dass die Wort-Gottes-Feier nur aus besonderen Gründen mit einer Kommunionfeier verbunden werden soll.[46] In den einzelnen Bistümern wurden restriktive Aus-

[46] Die deutschen Bischöfe: Zum gemeinsamen Dienst berufen, Nr. 36.

nahmeregeln erlassen (etwa nur für Gottesdienste in Altenheimen oder Krankenhäusern). Inzwischen hat eine Reihe von Bischöfen für ihre Diözesen diese enge Regelung wieder gelockert.

Der Schwerpunkt der Wort-Gottes-Feier – das bringt schon ihr Name zum Ausdruck – liegt auf der Verkündigung des Wortes Gottes. Da Jesus Christus auch in seinem Wort und ebenso in der versammelten Gemeinde gegenwärtig ist, erfahren die Gläubigen seine Nähe auch ohne den Empfang der heiligen Kommunion, wenngleich vielen Menschen diese Gegenwartsformen (noch immer) nicht bewusst sind. Manche Bischöfe hegen wohl nicht ganz zu Unrecht die Befürchtung, dass zahlreiche Gläubige den Unterschied zwischen der Messfeier und der Wort-Gottes-Feier nicht mehr erkennen würden, wenn man auch in der Wort-Gottes-Feier ausnahmslos die Kommunion austeilen würde. Die heilige Kommunion ist ohne Zweifel die Frucht der Eucharistiefeier. Daher besteht ein enger Zusammenhang zwischen der Heiligen Messe und der Kommunionspendung. Der Grund liegt in der Begründung der Eucharistiefeier im Abendmahlsaal. Dort nahm Jesus das Brot (Gabenbereitung), dankte (Eucharistisches Hochgebet), brach es (Agnus Dei = Lamm Gottes) und gab es seinen Jüngern (Kommunion). Damit wird deutlich, dass die Eucharistiefeier der eigentliche Ort für die Kommunionspendung ist. In der Wort-Gottes-Feier fehlen drei von vier der soeben aufgezählten Elemente. Es würde nur die Kommunion übrig bleiben.

Andererseits wird durch die Eucharistieverehrung außerhalb der Heiligen Messe (eucharistische Anbetung) ebenfalls eine Loslösung von der Eucharistiefeier in Kauf genommen. Schon in der frühen Kirche war die Krankenkommunion gebräuchlich. Im Mittelalter entwickelte sich der Brauch, die Kommunion vor oder nach der Messe zu spenden. Auch da fehlte teilweise der enge Zusammenhang zur Eucharistiefeier.

An dieser Stelle darf sicherlich auch der Hinweis auf eine Regelung im Kirchenrecht nicht fehlen. Dort heißt es:

> „Es wird mit Nachdruck empfohlen, dass die Gläubigen in der Feier der Eucharistie selbst die heilige Kommunion empfangen; wenn sie jedoch aus gerechtem Grund darum bitten, ist sie ihnen außerhalb der Messe zu spenden; dabei sind die liturgischen Riten zu beachten."[47]

Was als gerechter Grund für die Austeilung der heiligen Kommunion außerhalb der Eucharistiefeier anzusehen ist, bedarf der Auslegung. Als einen berechtigten Grund muss man zweifellos den Fall ansehen, wenn Menschen am Sonntag

---

[47] Canon 918 CIC.

zur Kirche kommen und die Eucharistie feiern und empfangen wollen, dann aber erfahren müssen, dass kein Priester zur Verfügung steht.

Im Übrigen regelt das Rituale „De sacra communione et de cultu mysterii eucharistici extra missam“ (Kommunionspendung und Eucharistieverehrung außerhalb der Messe) der römischen Gottesdienstkongregation aus dem Jahr 1973 diese Fälle. Vorgesehen ist, dass die Kommunionausteilung mit einem Wortgottesdienst verbunden wird, wobei es in diesem Rituale eine längere und eine kürzere Variante gibt. Es wäre wohl Wortklauberei, eine Kommunionfeier mit einem Wortgottesdienst zu erlauben, aber eine Wort-Gottes-Feier mit Kommunionausteilung zu verbieten.

Sofern die heilige Kommunion in einer Wort-Gottes-Feier ausgeteilt werden soll, darf das nur durch einen ordentlichen Kommunionspender (Priester oder Diakon) oder durch KommunionhelferInnen geschehen, die dazu die erforderliche bischöfliche Beauftragung haben. Grundsätzlich sollte die Frage der Kommunionausteilung während einer Wort-Gottes-Feier – wie überhaupt die Frage, was in einem solchen Notfall zu geschehen hat – rechtzeitig vor dessen Eintritt mit dem zuständigen Pfarrer ausdrücklich erörtert werden. Als der für die Feier der Liturgie Verantwortliche der Gemeinde sollte er Kenntnis darüber haben und auch entscheiden, welche Gottesdienste in welcher Form in seiner Gemeinde gefeiert werden.

Soweit in der Wort-Gottes-Feier die Austeilung der Kommunion erfolgen soll, schließt sich die Kommunionfeier an die Fürbitten und den Dank für das Wort Gottes (Lied) an. Hierbei muss in einer Einleitung der Kommunionfeier klar zum Ausdruck kommen, dass der eigentliche Ort für den Kommunionempfang die Eucharistiefeier ist, da die Kommunion allein dort in der Wandlung ihren Ursprung hat. Es muss ein Zusammenhang hergestellt werden zu der Eucharistiefeier, deren Frucht die Gläubigen nun empfangen. Die nachfolgenden Modelle enthalten jeweils einen Textvorschlag, der diesen Zusammenhang deutlich macht. Das *Allerheiligste* sollte nach Möglichkeit mit einer kleinen Prozession, die von MessdienerInnen mit Flambeaux begleitet werden kann, *vom Tabernakel zum Altar übertragen* werden. Währenddessen wird auf dem Altartisch das Korporale[48] ausgebreitet. Danach sollte zumindest eine kurze *eucharistische Anbetung* erfolgen. Sinnvoll ist auf jeden Fall zunächst eine Zeit der Stille, an die sich ein entsprechendes Gebet anschließen kann (siehe Vorschlag

---

[48] Beim Korporale, einem Symbol für das Grabtuch Christi, handelt es sich um ein quadratisches Leinentuch, das auf den Altar gelegt wird, um die Patene oder Hostienschale und den Kelch daraufzustellen, damit keine kleinen Stücke des konsekrierten Brotes verlorengehen.

in den nachfolgenden Modellen). Die Anbetung wird abgeschlossen mit dem Gebet des Herrn, dem *Vaterunser*.

Vor dem Kommunionempfang sollten mit dem *Friedensgruß* alle Streitigkeiten zwischen den Gläubigen beseitigt werden.

Da das Agnus Dei (= Lamm Gottes) das (Begleit-)Gebet zum Brechen der konsekrierten Hostie ist, gehört es nicht in den Kommunionteil einer Wort-Gottes-Feier.

Die *Austeilung der Kommunion* erfolgt in gewohnter Form und Reihenfolge. Zunächst sollten die KommunionhelferInnen kommunizieren. Zum einen sollten sie beim Kommunionempfang mit gutem Beispiel vorangehen. Zum anderen kann man nur das austeilen, was man zuvor selbst empfangen hat. In solchen Notfällen, von denen im vorliegenden Buch ausgegangen wird, besteht die Möglichkeit, dass die Anzahl der im Tabernakel aufbewahrten Hostien nicht ausreicht. Dies sollte zunächst geprüft werden. Gegebenenfalls müssten die vorhandenen Hostien geteilt werden, was am Altar einfacher erfolgen kann als später während des Austeilens. Soweit konsekrierte Hostien übrig bleiben, sind sie nach dem Austeilen zurück zum Tabernakel zu bringen, was ebenfalls in Form einer kleinen Sakramentsprozession erfolgen kann. Das Korporale auf dem Altartisch wird wieder zusammengefaltet.

Anschließen sollte sich eine Stille zum persönlichen Gebet sowie die gemeinsame *Danksagung*, z. B. in Form eines Danklieds (Vorschläge finden sich in den nachfolgenden Modellen). Der Kommunionteil wird mit dem *Abschlussgebet* – analog zum Schlussgebet der Eucharistiefeier –, das für diesen Tag vorgesehen ist, beendet. Man sollte jedoch zunächst prüfen, ob das Schlussgebet vom Tage geeignet ist, weil es im Einzelfall nur zu einer Eucharistiefeier passt, in der Brot und Wein konsekriert wurden. In solchen Fällen muss man es umformulieren oder weglassen und auf das allgemeine Abschlussgebet – wie es in den Modellen vorgesehen ist – zurückgreifen.

Beendet wird die Wort-Gottes-Feier mit den Vermeldungen, dem Segen, dem Entlassungsruf und eventuell dem Schlusslied (vgl. Abschnitt 2.4 dieses Buches).

# 3. Checkliste für eine Wort-Gottes-Feier im Notfall

Was ist vor einer Wort-Gottes-Feier im Notfall zu klären, damit diese reibungslos ablaufen kann? Die nachfolgende Auflistung soll helfen, im Bedarfsfall die wichtigsten Aspekte vor einer solchen Wort-Gottes-Feier nicht zu vergessen.

1. *Rollen klären:*
   a. Wer übernimmt die Leitung der Wort-Gottes-Feier?
   b. Welche/r LektorIn trägt die Schriftlesungen (Lesungen, ggfs. Evangelium) und die Fürbitten vor?

2. Da der Priestersitz tabu ist: sofern nötig, *Sitzmöglichkeiten* neben den Priestersitz stellen und das dortige Mikrofon entsprechend positionieren.

3. *Liedplan* mit dem/der KirchenmusikerIn absprechen (ggfs. Blanko-Liedzettel ausfüllen) – danach kann der/die KirchenmusikerIn die Zwischenzeit mit Instrumentalspiel überbrücken.

4. Entscheiden, wann die *Kollekte* stattfinden soll: nach den Fürbitten oder (besser) als Türkollekte am Schluss der Wort-Gottes-Feier?; ggfs. Verwendungszweck der Kollekte in Erfahrung bringen.

5. Entscheiden, ob eine *Kommunionfeier* stattfinden soll
   a. Sind ausreichend Hostien im Tabernakel (falls nicht, müssen sie während der Kommunionfeier noch gebrochen werden)?
   b. Sofern sie nicht ohnehin im Altarraum anwesend sind, KommunionhelferInnen einweisen, wann sie zum Altar kommen sollen.

   c. Wenn kein/e KommunionhelferIn die Leitung der Wort-Gottes-Feier innehat: Welche/r KommunionhelferIn übernimmt die Leitung des Kommunionteils?

6. *Ablauf (Besonderheiten) mit MessdienerInnen besprechen:*
   a. Evangeliumsprozession mit Leuchtern und ggfs. Weihrauch
   b. Decken des Altars (Herbeibringen des Korporales)
   c. Sakramentsprozession mit Leuchtern mit dem Allerheiligsten vom und zum Tabernakel
   d. stille Anbetung nach der Sakramentsprozession
   e. ggfs. Türkollekte (falls andere Personen die Kollekte übernehmen, diese entsprechend einweisen).

7. *Eröffnungs- und Abschlussgebet auswählen* und prüfen, ob das Tagesgebet und das Schlussgebet vom Tage für die Wort-Gottes-Feier geeignet sind; ggfs. Kapellen-Messbuch (oder Schott) bereitlegen.

8. Ggfs. für *Fürbitten* ein Fürbittbuch auslegen.

9. Ggfs. *Messintentionen* (für Fürbitten) bereitlegen.

# 4. Modelle für Wort-Gottes-Feiern im Notfall für die verschiedenen Zeiten des Kirchenjahres

Nachfolgend werden fünf verschiedene Modelle für Wort-Gottes-Feiern im Notfall vorgestellt, die in den verschiedenen Zeiten des Kirchenjahres Anwendung finden können:

- Adventszeit
- Weihnachtszeit
- Zeit im Jahreskreis
- Österliche Bußzeit / Fastenzeit
- Osterzeit

# Adventszeit

(vom Vorabend des
ersten Adventssonntags
bis zur Vesper am 24. Dezember)

# Aufbau der Wort-Gottes-Feier in der Adventszeit

1. Einzug (Lied 1.a / 1.b)
2. Kreuzzeichen und liturgische Begrüßung
3. Allgemeines Schuldbekenntnis und Vergebungsbitte
4. Kyrie
5. Gloria *(nur an Hochfesten und Festen)*
6. Eröffnungsgebet (ggfs. 6.1 / 6.2)
7. Erste Lesung
8. Antwortpsalm 8.a / 8.b
9. Zweite Lesung
10. Ruf vor dem Evangelium (Halleluja) 10.a / 10.b
11. Evangelium
12. Credo sprechen (12.a) oder Lied 12.b *(an Sonntagen und Hochfesten)*
13. Fürbitten
14. Dank für das Wort Gottes (Lied 14.a / 14.b)

[15.] Einleitung der Kommunionfeier

[16.] Übertragung des Allerheiligsten und Aussetzung (Lied 16.a / 16.b)

[17.] Anbetung

18. Vaterunser

19. Friedensgruß
[20.] Kommunionausteilung (Orgelspiel/Stille)
[21.] Danksagung (Lied 21.a / 21.b)
[22.] Abschlussgebet (ggfs. 22.1 / 22.2)
23. Segen und Entlassung
24. Auszug (Lied 24.a / 24.b)

Die nachfolgenden Liedzettel sollte man vorsorglich rechtzeitig vor dem Eintritt eines Notfalls – ggfs. sogar mehrfach – kopieren.

Liedzettel A / Adventszeit

| | | |
|---|---|---|
| **1** | **Einzug** | GL 218, 1+2 |
| 2 | Kreuzzeichen und liturgische Begrüßung | |
| 3 | Allgemeines Schuldbekenntnis und Vergebungsbitte | |
| **4** | **Kyrie** | GL 158 |
| **5** | **Gloria** *(nur an Hochfesten und Festen)* | *(ggfs. GL 167)* |
| 6 | Eröffnungsgebet | |
| 7 | Erste Lesung | |
| **8** | **Antwortpsalm** | *vom Tag* |
| 9 | Zweite Lesung | |
| **10** | **Ruf vor dem Evangelium** | GL 174, 3<br>*mit Vers vom Tag* |
| 11 | Evangelium | |
| **12** | **Credo** *(an Sonntagen und Hochfesten)* | GL 3, 4 |
| 13 | Fürbitten | |
| **14** | **Dank für das Wort Gottes** | GL 222, 1+9 |
| [15] | Einleitung der Kommunionfeier | |
| **[16]** | **Übertragung des Allerheiligsten und Aussetzung** | GL 218, 4+5 |
| [17] | Anbetung | |
| 18 | Vaterunser | |
| 19 | Friedensgruß | |
| [20] | Kommunionausteilung | *Orgelspiel / Stille* |
| **[21]** | **Danksagung** | GL 233, 1–4 |
| [22] | Abschlussgebet | |
| 23 | Segen und Entlassung | |
| **24** | **Auszug** | GL 228, 1–3 |

Aus: Heribert Blum / Oliver Preisner, Wort-Gottes-Feiern. Vorbereitete Sonntagsgottesdienste, wenn der Priester unerwartet nicht da ist, Schwabenverlag

| | | |
|---|---|---|
| **1** | **Einzug** | GL 223 |
| 2 | Kreuzzeichen und liturgische Begrüßung | |
| 3 | Allgemeines Schuldbekenntnis und Vergebungsbitte | |
| **4** | **Kyrie** | GL 163, 2 |
| **5** | **Gloria** *(nur an Hochfesten und Festen)* | *(ggfs. GL 172)* |
| 6 | Eröffnungsgebet | |
| 7 | Erste Lesung | |
| **8** | **Antwortpsalm** | GL 633, 3+4 (Verse 7–10) |
| 9 | Zweite Lesung | |
| **10** | **Ruf vor dem Evangelium** | GL 174, 2 *mit Vers vom Tag* |
| 11 | Evangelium | |
| **12** | **Credo** *(an Sonntagen und Hochfesten)* | GL 178 |
| 13 | Fürbitten | |
| **14** | **Dank für das Wort Gottes** | GL 227, 1–3 |
| [15] | Einleitung der Kommunionfeier | |
| **[16]** | **Übertragung des Allerheiligsten und Aussetzung** | GL 230, 1+4+6 |
| [17] | Anbetung | |
| 18 | Vaterunser | |
| 19 | Friedensgruß | |
| [20] | Kommunionausteilung | *Orgelspiel / Stille* |
| **[21]** | **Danksagung** | GL 221, 1+2+5 |
| [22] | Abschlussgebet | |
| 23 | Segen und Entlassung | |
| **24** | **Auszug** | GL 554, 1+3 |

Aus: Heribert Blum / Oliver Preisner, Wort-Gottes-Feiern. Vorbereitete Sonntagsgottesdienste, wenn der Priester unerwartet nicht da ist, Schwabenverlag

Blanko-Liedzettel / Adventszeit

| | | |
|---|---|---|
| **1** | **Einzug** | |
| 2 | Kreuzzeichen und liturgische Begrüßung | |
| 3 | Allgemeines Schuldbekenntnis und Vergebungsbitte | |
| **4** | **Kyrie** | |
| **5** | **Gloria** *(nur an Hochfesten und Festen)* | |
| 6 | Eröffnungsgebet | |
| 7 | Erste Lesung | |
| **8** | **Antwortpsalm** | |
| 9 | Zweite Lesung | |
| **10** | **Ruf vor dem Evangelium** | |
| 11 | Evangelium | |
| **12** | **Credo** *(an Sonntagen und Hochfesten)* | |
| 13 | Fürbitten | |
| **14** | **Dank für das Wort Gottes** | |
| [15] | Einleitung der Kommunionfeier | |
| **[16]** | **Übertragung des Allerheiligsten und Aussetzung** | |
| [17] | Anbetung | |
| 18 | Vaterunser | |
| 19 | Friedensgruß | |
| [20] | Kommunionausteilung | *Orgelspiel / Stille* |
| **[21]** | **Danksagung** | |
| [22] | Abschlussgebet | |
| 23 | Segen und Entlassung | |
| **24** | **Auszug** | |

Aus: Heribert Blum / Oliver Preisner, Wort-Gottes-Feiern. Vorbereitete Sonntagsgottesdienste, wenn der Priester unerwartet nicht da ist, Schwabenverlag

# Die Wort-Gottes-Feier in der Adventszeit

## 1. Einzug

Vor dem Auszug aus der Sakristei (hierbei bekreuzigen sich der/die LeiterIn der Wort-Gottes-Feier[1] und die anderen liturgischen Dienste):

Lt.: **Unsere Hilfe ist im Namen des Herrn.**
A.: **Der Himmel und Erde erschaffen hat.**

Beim Einzug wird von einem/einer MessdienerIn oder von einem/einer LektorIn das Evangeliar – wenn vorhanden – getragen und dann auf den Altar oder an der hierfür vorgesehenen Stelle abgelegt. Während des Einzugs wird der **Gesang zur Eröffnung** gesungen. Hierbei kann – wie bei jedem Gesang während der Wort-Gottes-Feier – alternativ zu den hier angegebenen Liedern ein von dem/der KirchenmusikerIn ausgewähltes Lied gesungen werden.

Oder:

1.a GL 218, 1.+2. Str. „Macht hoch die Tür"

Oder:

1.b GL 223 „Wir sagen euch an den lieben Advent"

Die liturgische Gruppe (LeiterIn, MessdienerInnen etc.) verehrt den Altar (Verneigung bzw. Kniebeuge, falls sich der Tabernakel im Altarraum befindet) und geht zu den Sitzplätzen.

---

[1] Folgende Abkürzungen werden verwendet: *Lt.* = LeiterIn, *L.* = LektorIn, *Ko.* = KommunionhelferIn, *A.* = Alle.

## Kreuzzeichen und liturgische Begrüßung 2.

Alle stehen und machen das Kreuzzeichen. Der/Die LeiterIn spricht vom Sitz aus (fehlt dort ein Mikrofon, dann notfalls am Ambo):

Lt.: **Im Namen des Vaters und des Sohnes und des Heiligen Geistes.**
A.: **Amen.**

Lt.: **Jesus Christus ist in unserer Mitte**
**und schenkt uns seinen Frieden**
**heute und in Ewigkeit.**
A.: **Amen.**

Ggfs. „bürgerliche Begrüßung" durch den/die LeiterIn der Wort-Gottes-Feier (kann aber auch entfallen).
Spätestens an dieser Stelle: Information an die Gemeinde, dass heute statt der Messfeier eine Wort-Gottes-Feier gehalten wird (mit möglichst allgemein gehaltener Begründung).

## Allgemeines Schuldbekenntnis und Vergebungsbitte 3.

Lt.: **Brüder und Schwestern,**
**bevor wir das Wort Gottes hören**
**und die Gegenwart Jesu Christi im Wort feiern,**
**wollen wir uns besinnen**
**und Gott um Vergebung unserer Sünden bitten.**
**Wir sprechen das Schuldbekenntnis:**

A.: **Ich bekenne Gott, dem Allmächtigen,**
**und allen Brüdern und Schwestern,** →

dass ich Gutes unterlassen
und Böses getan habe
- ich habe gesündigt
in Gedanken, Worten und Werken -
durch meine Schuld, durch meine Schuld,
durch meine große Schuld.
Darum bitte ich die selige Jungfrau Maria,
alle Engel und Heiligen
und euch, Brüder und Schwestern,
für mich zu beten bei Gott, unserem Herrn.

Der/die LeiterIn spricht die Vergebungsbitte:

Lt.: Der allmächtige Gott erbarme sich unser.
Er lasse uns die Sünden nach
und führe uns zum ewigen Leben.
A.: Amen.

## 4. Kyrie

4.a GL 158 (KirchenmusikerIn / Alle – singen)

Oder:
4.b GL 163, 2 (KirchenmusikerIn / Alle – singen)

Oder: (gesprochen)

| | | Oder: |
|---|---|---|
| Lt.: | Kyrie, eleison. | Herr, erbarme dich (unser). |
| A.: | Kyrie, eleison. | Herr, erbarme dich (unser). |

Lt.: **Christe, eleison. | Christus, erbarme dich (unser).**
A.: **Christe, eleison. | Christus, erbarme dich (unser).**

Lt.: **Kyrie, eleison. | Herr, erbarme dich (unser).**
A.: **Kyrie, eleison. | Herr, erbarme dich (unser).**

## Gloria (in der Adventszeit nur an Hochfesten und Festen) 5.

## Eröffnungsgebet 6.

Lt.: **Lasset uns beten.** – Kurze Stille –

Man kann in aller Regel das Tagesgebet vom Tage aus dem Messbuch bzw. dem Schott nehmen. Im Einzelfall ist zu prüfen, ob es für die Wort-Gottes-Feier geeignet ist. In seltenen Fällen kann man es nicht verwenden, weil es inhaltlich auf die Eucharistiefeier abgestimmt ist. Ansonsten:

Lt.: **Barmherziger Gott,** 6.1
**deine Weisheit allein**
**zeigt allen Menschen den rechten Weg.**
**Bereite uns durch deine große Gnade**
**auf die Ankunft deines Sohnes vor,**
**damit wir am himmlischen Gastmahl teilnehmen**
**und aus seiner Hand**
**die Speise für das ewige Leben empfangen**
**können.** →

Darum bitten wir durch ihn, Jesus Christus,
deinen Sohn, unseren Herrn und Gott,
der in der Einheit des Heiligen Geistes
mit dir lebt und herrscht in alle Ewigkeit.

A.: Amen.

Oder:

6.2 Lt.: Gott, unser Vater,
in diesen Tagen bereiten wir uns
auf die Menschwerdung deines Sohnes vor.
Mache unser Herz bereit
für das Geschenk der Erlösung,
damit Weihnachten für uns alle
ein Tag der Freude und der Zuversicht werde.
Darum bitten wir durch Jesus Christus,
deinen Sohn, unseren Herrn und Gott,
der in der Einheit des Heiligen Geistes
mit dir lebt und herrscht in alle Ewigkeit.

A.: Amen.

## 7. Erste Lesung

Der/die LektorIn geht zum Ambo und trägt die erste Lesung vom Tage vor (siehe Lektionar).

## Antwortpsalm 8.

In Absprache mit dem/der KirchenmusikerIn sollte man den im Lektionar nach der ersten Lesung vorgesehenen Antwortpsalm mit dem entsprechenden Liedruf (Kehrvers) singen oder im Wechsel beten. Im Ausnahmefall darf der Antwortpsalm durch einen anderen dazu geeigneten Gesang (z. B. ein Psalmlied) ersetzt werden. 8.a

Oder:
Psalm 24 (GL 633, 3+4) (KirchenmusikerIn / Alle – singen) 8.b

Kehrvers: GL 633, 3 („Hebt euch, ihr Tore, unser König kommt")
Verse: GL 633, 4: Verse 7–10

Der Kehrvers wird nach jedem Psalmvers von allen wiederholt.

An Sonntagen und Hochfesten folgt die zweite Lesung. Wenn mehrere LektorInnen anwesend sind, sollte die zweite Lesung von einem/einer weiteren LektorIn vorgetragen werden.

## Zweite Lesung 9.

Der/die LektorIn geht zum Ambo und trägt die zweite Lesung vom Tage (siehe Lektionar) vor.

## Ruf vor dem Evangelium 10.

GL 174, 3 10.a

Oder:
GL 174, 2 10.b

Der dazugehörige Vers sollte der Messe vom Tage aus dem Lektionar entnommen werden.

## 11. Evangelium

Der/die LeiterIn oder eine Lektorin bzw. ein Lektor geht zum Ambo und verkündet das Evangelium vom Tage (siehe Lektionar bzw. Evangeliar).
MessdienerInnen können die Evangelienprozession mit Leuchtern begleiten. Ggfs. kann das Lektionar/Evangeliar auch mit Weihrauch verehrt werden.
Bei der Einleitung zum Evangelium entfällt der Zuruf: „Der Herr sei mit euch", falls ein Laie das Evangelium vorträgt. Er/Sie beginnt sofort mit:

**Lt.: Aus dem heiligen Evangelium nach N.**
**A.: Ehre sei dir, o Herr.**

Wird Weihrauch verwendet, so inzensiert der/die LeiterIn (bzw. LektorIn) zunächst das Buch; dann verkündet er/sie das Evangelium.
Nach dem Evangelium fügt der/die LeiterIn (bzw. LektorIn) folgende Schlussformel an:

**Lt.: Evangelium unseres Herrn Jesus Christus.**

Oder:

**Lt.: Frohe Botschaft unseres Herrn Jesus Christus.**
**A.: Lob sei dir, Christus.**

Zur Verehrung des Wortes Gottes küsst der/die LeiterIn (bzw. LektorIn) das Lektionar bzw. das Evangeliar.

Sofern keine Lesepredigt oder ein passender Meditationstext zur Verfügung steht, wird empfohlen, nach der Verkündigung des Evangeliums eine Stille zu halten und die Gläubigen zum Nachdenken über die gehörten Texte einzuladen, z. B.:

Lt.: **Wir haben das Wort Gottes in der/den Lesung(en) und im Evangelium gehört. Wir wollen dieses Wort in einigen Momenten der Stille bedenken.**

An Sonntagen, an Hochfesten und bei anderen festlichen Gottesdiensten folgt das Credo (Glaubensbekenntnis):

## Credo **12.**

Es wird das Apostolische Glaubensbekenntnis gesprochen (GL 3, 4). 12.a

Lt.: **Wir sprechen das Apostolische Glaubensbekenntnis.** →

A.: Ich glaube an Gott,
den Vater, den Allmächtigen,
den Schöpfer des Himmels und der Erde,
und an Jesus Christus,
seinen eingeborenen Sohn, unsern Herrn,
empfangen durch den Heiligen Geist,
geboren von der Jungfrau Maria,
gelitten unter Pontius Pilatus,
gekreuzigt, gestorben und begraben,
hinabgestiegen in das Reich des Todes,
am dritten Tage auferstanden von den Toten,
aufgefahren in den Himmel;
er sitzt zur Rechten Gottes,
des allmächtigen Vaters;
von dort wird er kommen,
zu richten die Lebenden und die Toten.
Ich glaube an den Heiligen Geist,
die heilige katholische Kirche,
Gemeinschaft der Heiligen,
Vergebung der Sünden,
Auferstehung der Toten
und das ewige Leben. Amen.

Oder:

12.b GL 178 „Amen, Amen, Amen, wir glauben“

## Fürbitten 13.

(aus einem Fürbittbuch aus der Sakristei – oder eines der folgenden Formulare:)

Die nachfolgenden Rufe „Christus, höre uns. – Christus, erhöre uns" 13.1
können auch jeweils gesungen werden.

Lt.: Herr Jesus Christus, in diesen Tagen des Advents bereiten wir uns vor auf dein Kommen am Weihnachtsfest, aber vor allem auf deine Wiederkunft am Ende unserer Tage. Schon jetzt willst du in jeder Eucharistiefeier zu uns kommen in der Gestalt des Brotes. Wir bitten dich:

L.: Für die Christen und die Kirche in der ganzen Welt, die sich in diesen Tagen auf das Fest deiner Geburt vorbereiten. - Christus, höre uns.

A.: Christus, erhöre uns.

L.: Für die Regierenden und alle in Politik, Wirtschaft und Gesellschaft Tätigen, die Verantwortung tragen für das Wohl der Menschen. - Christus, höre uns.

A.: Christus, erhöre uns.

→

L.: Für die Menschen, für die die Wochen des Advents Stress und Hektik bedeuten, und für die, die unter der Dunkelheit ihres Lebens leiden. – Christus, höre uns.

A.: Christus, erhöre uns.

L.: Für die Menschen am Rande unserer Gesellschaft und für alle, die sich nicht auf das bevorstehende Weihnachtsfest freuen können. – Christus, höre uns.

A.: Christus, erhöre uns.

Ggfs. kann man noch als Fürbitte einfügen (z. B. Messintentionen aufgreifen):

L.: Wir beten heute besonders für ... – Christus, höre uns.

A.: Christus, erhöre uns.

L.: Für unsere Gemeinden, die Menschen brauchen, die deinen Ruf hören und sich von dir in einen besonderen Dienst nehmen lassen – Christus, höre uns.

A.: Christus, erhöre uns.

Lt.: Herr Jesus Christus, du kennst uns und unsere Sorgen und Bitten. Auf dein Wort können wir uns immer verlassen. Wir danken dir und loben dich, jetzt und in alle Ewigkeit.

A.: Amen.

Oder:
Die nachfolgenden Rufe „Gott, unser Vater: Wir bitten dich, erhöre uns“ können auch jeweils gesungen werden. 13.2

Lt.: In diesen Tagen, in denen wir in besonderer Weise das Kommen Jesu Christi in diese Welt erwarten, bitten wir:

L.: Für alle, die in der Kirche große Verantwortung tragen: um ein waches Herz für die Zeichen der Zeit und um die Bereitschaft, alles zu tun, um dem Herrn den Weg zu bereiten. - Gott, unser Vater:
A.: Wir bitten dich, erhöre uns.

L.: Für die Verantwortlichen in den Ländern, in denen Krieg und Gewalt regieren: um den Willen zu Frieden und Versöhnung. - Gott, unser Vater:
A.: Wir bitten dich, erhöre uns.

L.: Für alle hungernden und von Seuchen heimgesuchten Menschen in dieser Welt: um das tägliche Brot und um tatkräftige Hilfe. - Gott, unser Vater:
A.: Wir bitten dich, erhöre uns.

→

L.: Für die Menschen in unserem Umfeld, die krank sind oder großes Leid durchstehen müssen: um Trost und Hilfe in ihrer Not. – Gott, unser Vater:
A.: Wir bitten dich, erhöre uns.

L.: Für unsere Gemeinden und für alle Menschen, die uns nahestehen und für die wir Verantwortung tragen: um einen friedvollen und gesegneten Advent. – Gott, unser Vater:
A.: Wir bitten dich, erhöre uns.

Ggfs. kann man noch als Fürbitte einfügen (z.B. Messintentionen aufgreifen):

L.: Wir beten heute besonders für ... – Gott, unser Vater:
A.: Wir bitten dich, erhöre uns.

L.: Für alle Christen in unseren Gemeinden: um Freude und Bereitschaft, Zeugen des Evangeliums zu sein und die persönliche Berufung zu erkennen und zu leben. – Gott, unser Vater:
A.: Wir bitten dich, erhöre uns.

Lt.: Allmächtiger und guter Gott, wir erwarten in diesen Tagen voll Zuversicht das Kommen deines Sohnes in unsere Welt. Für dieses Geschenk danken wir dir heute und in Ewigkeit.
A.: Amen.

## Dank für das Wort Gottes 14.

Als Dank für das Wort Gottes wird ein geeignetes Lied gesungen. Falls es als angebracht erachtet wird, kann an dieser Stelle eine Kollekte durchgeführt werden. Es wird jedoch empfohlen, sie als Türkollekte am Ende der Wort-Gottes-Feier anzukündigen und durchzuführen.

GL 222, 1.+9. Str. „Herr, send herab uns deinen Sohn" 14.a

Oder:
GL 227, 1.–3. Str. „Komm, du Heiland aller Welt" 14.b

Falls *keine* Kommunionfeier stattfinden soll, entfallen die folgenden Ziffern [15] bis [17] und [20] bis [22]. In diesem Falle fährt man mit Ziffer 18 (Vaterunser) und Ziffer 19 (Friedensgruß) fort.

Falls die Kommunion ausgeteilt werden soll:

## Einleitung der Kommunionfeier [15.]

Sofern eine Person, die keine bischöfliche Beauftragung zum Austeilen der Kommunion besitzt, die Leitung der Wort-Gottes-Feier innehat, sollte den Kommunionteil ein/e KommunionhelferIn übernehmen. Er/sie tritt jetzt an den Altartisch. Soweit sich weitere KommunionhelferInnen noch in den Bänken aufhalten und für das Austeilen benötigt werden, sollten sie jetzt zum Altar kommen.
Ein/e KommunionhelferIn leitet in die Kommunionfeier über und stellt hierbei eine Verbindung zur Eucharistiefeier her, in der die Hostien, die jetzt ausgeteilt werden sollen, konsekriert worden sind. Das kann mit den folgenden Worten geschehen:

Ko.: **Wir haben das Wort Gottes gehört. In den Worten der Heiligen Schrift ist Jesus Christus unter uns gegenwärtig.** →

**In der Wort-Gottes-Feier werden im Gegensatz zur Eucharistiefeier keine Gaben in seinen Leib und sein Blut verwandelt. Die heilige Kommunion bleibt die Frucht der Eucharistiefeier. Wenn wir also jetzt seinen Leib empfangen, verbindet uns das mit der Eucharistiefeier, die wir am vergangenen Wochenende** (ggfs. einen anderen Termin angeben) **hier** (ggfs. einen anderen Ort einfügen: z. B. in der Kirche St. ...) **zuletzt gefeiert haben. Nach unserem katholischen Glaubensverständnis ist die bleibende Gegenwart des Herrn im eucharistischen Brot für uns ein kostbares Gut, das den Glauben nährt, die Hoffnung stärkt und die Gemeinschaft mit unserem Herrn Jesus Christus festigt.**

## [16.] Übertragung des Allerheiligsten

Der/die KommunionhelferIn breitet das Korporale auf dem Altar aus. Danach holt er/sie oder währenddessen ein/e andere/r KommunionhelferIn das Allerheiligste aus dem Tabernakel und stellt das Ziborium auf den Altar. Dabei kann das Allerheiligste von MinistrantInnen mit Leuchtern begleitet werden.
Dazu wird ein *Sakramentslied* gesungen:

[16.a] GL 218, 4.+5. Str. „Macht hoch die Tür"

Oder:

[16.b] GL 230, 1.+4.+6. Str. „Gott, heilger Schöpfer aller Stern"

## Anbetung [17.]

Sofern es insbesondere aus gesundheitlichen Gründen möglich ist, sollten sich alle anwesenden liturgischen Dienste vor dem Altar auf die Stufe knien und eine Weile mit der Gemeinde in stillem Gebet vor dem Allerheiligsten verharren.
Ggfs. kann eine kurze eucharistische Anbetung erfolgen, z.B. GL 674, 2 oder 675, 6 oder 675, 8 oder 676, 1.
Danach versammeln sich die KommunionhelferInnen und die übrigen liturgischen Dienste hinter dem Altar.

## Vaterunser 18.

Ko. bzw. Lt.: Lasset uns beten,
wie der Herr uns zu beten gelehrt hat:
A.: Vater unser im Himmel,
geheiligt werde dein Name.
Dein Reich komme.
Dein Wille geschehe,
wie im Himmel so auf Erden.
Unser tägliches Brot gib uns heute.
Und vergib uns unsere Schuld,
wie auch wir vergeben unsern Schuldigern.
Und führe uns nicht in Versuchung,
sondern erlöse uns von dem Bösen.
Denn dein ist das Reich
und die Kraft und die Herrlichkeit
in Ewigkeit.
Amen.

## 19. Friedensgruß

Ko. bzw. Lt.: Der Herr hat zu seinen Aposteln gesagt:
Frieden hinterlasse ich euch,
meinen Frieden gebe ich euch.
Deshalb bitten wir:
Herr Jesus Christus,
schau nicht auf unsere Sünden,
sondern auf den Glauben deiner Kirche
und schenke ihr nach deinem Willen
Einheit und Frieden.
Geben wir einander ein Zeichen des Friedens
und der Versöhnung.

Falls keine Kommunion ausgeteilt wird, weiter mit dem Segen unter Ziffer 23.

## Kommunionausteilung [20.]

Der/die KommunionhelferIn macht eine Kniebeuge vor dem Allerheiligsten, öffnet das Ziborium, entnimmt eine Hostie, hebt diese hoch und spricht:

**Ko.: Seht das Lamm Gottes,**
**das hinwegnimmt die Sünde der Welt.**
**A.: Herr, ich bin nicht würdig,**
**dass du eingehst unter mein Dach,**
**aber sprich nur ein Wort,**
**so wird meine Seele gesund.**

Der/Die KommunionhelferIn kann hinzufügen:

**Ko.: Selig, die zum Hochzeitsmahl des Lammes geladen sind.**

Oder:

**Ko.: Kostet und seht, wie gut der Herr ist.**

Oder:

**Ko.: Wer von diesem Brot isst, wird in Ewigkeit leben.**

Oder den Kommunionvers der Tagesmesse aus dem Messbuch.

Danach folgt das Austeilen der Kommunion in der üblichen Form. Zuerst kommunizieren der oder die KommunionhelferInnen und die anderen liturgischen Dienste, dann die Gemeinde.
Falls absehbar ist, dass die vorhandenen Hostien nicht für alle reichen, sollten die Hostien bereits jetzt am Altar geteilt werden.

## Zur Austeilung Orgelspiel oder Stille

Im Anschluss wird das Allerheiligste zurück zum Tabernakel gebracht. Dabei kann das Allerheiligste von MinistrantInnen mit Leuchtern begleitet werden.
Es folgt eine Stille zum persönlichen Dankgebet.

## [21.] Danksagung

[21.a] GL 233, 1.–4. Str. „O Herr, wenn du kommst"

Oder:
[21.b] GL 221, 1.+2+5. Str. „Kündet allen in der Not"

## [22.] Abschlussgebet

Das Abschlussgebet erfolgt vom Sitz aus. Sofern dort kein Mikrofon vorhanden ist, kann es notfalls auch vom Ambo aus erfolgen.
Wenn die heilige Kommunion ausgeteilt worden ist, kann man in der Regel das Schlussgebet vom Tage aus dem Messbuch oder dem Schott nehmen. Man sollte jedoch prüfen, ob es auch für die alleinige Austeilung des konsekrierten Brotes (ohne Wein) geeignet ist. Ansonsten:

[22.1] **Lt.: Lasset uns beten.** – ggfs. kurze Stille –
**Allmächtiger Gott,**
**wir danken dir für diese Wort-Gottes-Feier,**
**in der du unter uns geweilt hast,**
**denn wo zwei oder drei**
**in deinem Namen versammelt sind,**
**da bist du mitten unter ihnen.**

Wir bitten dich:
Reinige unser Herz und schenke uns Verlangen
nach dem kommenden Heil,
damit wir in rechter Weise
das Fest der Geburt unseres Erlösers begehen,
der mit dir und dem Heiligen Geist
lebt und herrscht in alle Ewigkeit.

A: Amen.

Oder:

Lt.: Lasset uns beten. – ggfs. kurze Stille – [22.2]
Allmächtiger Gott,
wir haben an der Feier deines Wortes,
in der du mitten unter uns warst, teilgenommen.
Lass uns das Kommen deines Sohnes
in Freude erwarten
und mache uns umso eifriger in deinem Dienst,
je näher das Fest seiner Geburt heranrückt.
Darum bitten wir durch Christus, unsern Herrn.

A.: Amen.

## 23. Segen und Entlassung

Segen und Entlassung erfolgen vom Sitz aus. Sofern dort kein Mikrofon vorhanden ist, können sie notfalls auch vom Ambo aus erfolgen.

Lt.: **Es segne und behüte uns**
**der gute und barmherzige Gott:**

(alle bekreuzigen sich)

**der Vater und der Sohn und der Heilige Geist.**
A.: **Amen.**

Falls nach den Fürbitten keine Kollekte abgehalten worden ist, kann diese als Türkollekte nach dem Auszug erfolgen. Die Türkollekte (und ggfs. ihr Verwendungszweck) wäre an dieser Stelle anzukündigen, z. B.:

Lt.: **Die Kollekte, die wir heute als Türkollekte am Ende der Wort-Gottes-Feier durchführen, ist für ...** (Verwendungszweck ergänzen) **bestimmt. Wir danken Ihnen für das, was Sie geben können.**

Oder (ohne Verwendungszweck):

Lt.: **Die Kollekte wird heute als Türkollekte am Ende der Wort-Gottes-Feier durchgeführt. Wir bedanken uns für das, was Sie geben können.**

Es folgt der Entlassungsruf:

Lt.: **Gehet hin in Frieden.**
A.: **Dank sei Gott, dem Herrn.**

Oder:

Lt.: **Singet Lob und Preis.**
A.: **Dank sei Gott, dem Herrn.**

Sofern der/die LeiterIn der Wort-Gottes-Feier es für angebracht hält, kann noch eine „bürgerliche Verabschiedung" erfolgen, z. B.:

Lt.: **Wir wünschen Ihnen einen schönen und gesegneten Sonntag (Feiertag).**

## Auszug und ggfs. Schlusslied

Der/Die LeiterIn und die weiteren liturgischen Dienste versammeln sich vor dem Altar, verehren ihn durch eine Verneigung oder eine Kniebeuge und kehren in die Sakristei zurück. Da Christus weiterhin in seinem Wort in seiner Gemeinde bleibt, wird das Lektionar/Evangeliar beim Auszug nicht mitgenommen.
Während des Auszugs kann, wo es üblich ist, ein Lied gesungen werden:
GL 228, 1.–3. Str. „Tochter Zion" 24.a

Oder:
GL 554, 1.+3. Str. „Wachet auf, ruft uns die Stimme" 24.b

# Weihnachtszeit

(vom Vorabend des
ersten Weihnachtstags
bis zum Fest der Taufe des Herrn)

# Aufbau der Wort-Gottes-Feier in der Weihnachtszeit

1. Einzug (Lied 1.a / 1.b)
2. Kreuzzeichen und liturgische Begrüßung
3. Allgemeines Schuldbekenntnis und Vergebungsbitte
4. Kyrie
5. Gloria *(nur an Sonntagen, Hochfesten und Festen sowie an allen Tagen zwischen Weihnachten und dem 1. Januar)*
6. Eröffnungsgebet (ggfs. 6.1 / 6.2)
7. Erste Lesung
8. Antwortpsalm 8.a / 8.b
9. Zweite Lesung
10. Ruf vor dem Evangelium (Halleluja) 10.a / 10.b
11. Evangelium
12. Credo sprechen (12.a) oder Lied 12.b *(an Sonntagen und Hochfesten)*
13. Fürbitten
14. Dank für das Wort Gottes (Lied 14.a / 14.b)

[15.] Einleitung der Kommunionfeier

[16.] Übertragung des Allerheiligsten und Aussetzung (Lied 16.a /16.b)

[17.] Anbetung
18. Vaterunser
19. Friedensgruß
[20.] Kommunionausteilung (Orgelspiel/Stille)
[21.] Danksagung (Lied 21.a / 21.b)
[22.] Abschlussgebet (ggfs. 22.1 / 22.2)
23. Segen und Entlassung
24. Auszug (Lied 24.a / 24.b)

Die nachfolgenden Liedzettel sollte man vorsorglich rechtzeitig vor dem Eintritt eines Notfalls – ggfs. sogar mehrfach – kopieren.

Liedzettel A / Weihnachtszeit

| | | |
|---|---|---|
| 1 | **Einzug** | GL 241, 1–3 |
| 2 | Kreuzzeichen und liturgische Begrüßung | |
| 3 | Allgemeines Schuldbekenntnis und Vergebungsbitte | |
| 4 | **Kyrie** | GL 159 |
| 5 | **Gloria** *(nur an Sonntagen, Hochfesten und Festen sowie an allen Tagen zwischen Weihnachten und dem 1. Januar)* | GL 250, 1+3–5 |
| 6 | Eröffnungsgebet | |
| 7 | Erste Lesung | |
| 8 | **Antwortpsalm** | *vom Tag* |
| 9 | Zweite Lesung | |
| 10 | **Ruf vor dem Evangelium** | GL 174, 4<br>*mit Vers vom Tag* |
| 11 | Evangelium | |
| 12 | **Credo** *(an Sonntagen und Hochfesten)* | GL 3, 4 |
| 13 | Fürbitten | |
| 14 | **Dank für das Wort Gottes** | GL 240, 1–4 |
| [15] | Einleitung der Kommunionfeier | |
| **[16]** | **Übertragung des Allerheiligsten und Aussetzung** | GL 251, 3–4 |
| [17] | Anbetung | |
| 18 | Vaterunser | |
| 19 | Friedensgruß | |
| [20] | Kommunionausteilung | *Orgelspiel / Stille* |
| **[21]** | **Danksagung** | GL 256, 1–2 |
| [22] | Abschlussgebet | |
| 23 | Segen und Entlassung | |
| 24 | **Auszug** | GL 238, 1–3 |

Aus: Heribert Blum / Oliver Preisner, Wort-Gottes-Feiern. Vorbereitete Sonntagsgottesdienste, wenn der Priester unerwartet nicht da ist, Schwabenverlag

| | | |
|---|---|---|
| **1** | **Einzug** | GL 237, 1–3 |
| 2 | Kreuzzeichen und liturgische Begrüßung | |
| 3 | Allgemeines Schuldbekenntnis und Vergebungsbitte | |
| **4** | **Kyrie** | GL 163, 3 |
| **5** | **Gloria** *(nur an Sonntagen, Hochfesten und Festen sowie an allen Tagen zwischen Weihnachten und dem 1. Januar)* | GL 245, 1–3 |
| 6 | Eröffnungsgebet | |
| 7 | Erste Lesung | |
| **8** | **Antwortpsalm** | GL 635, 3+5 (Verse 7+8, 11+12, 19+20) |
| 9 | Zweite Lesung | |
| **10** | **Ruf vor dem Evangelium** | GL 174, 4 *mit Vers vom Tag* |
| 11 | Evangelium | |
| **12** | **Credo** *(an Sonntagen und Hochfesten)* | GL 180 |
| 13 | Fürbitten | |
| **14** | **Dank für das Wort Gottes** | GL 247, 1–3 |
| [15] | Einleitung der Kommunionfeier | |
| **[16]** | **Übertragung des Allerheiligsten und Aussetzung** | GL 497, 1+3+5 |
| [17] | Anbetung | |
| 18 | Vaterunser | |
| 19 | Friedensgruß | |
| [20] | Kommunionausteilung | *Orgelspiel / Stille* |
| **[21]** | **Danksagung** | GL 239, 1–4 |
| [22] | Abschlussgebet | |
| 23 | Segen und Entlassung | |
| **24** | **Auszug** | GL 241, 3+4 |

Aus: Heribert Blum / Oliver Preisner, Wort-Gottes-Feiern. Vorbereitete Sonntagsgottesdienste, wenn der Priester unerwartet nicht da ist, Schwabenverlag

Blanko-Liedzettel / Weihnachtszeit

| | | |
|---|---|---|
| **1** | **Einzug** | |
| 2 | Kreuzzeichen und liturgische Begrüßung | |
| 3 | Allgemeines Schuldbekenntnis und Vergebungsbitte | |
| **4** | **Kyrie** | |
| **5** | **Gloria** *(nur an Sonntagen, Hochfesten und Festen sowie an allen Tagen zwischen Weihnachten und dem 1. Januar)* | |
| 6 | Eröffnungsgebet | |
| 7 | Erste Lesung | |
| **8** | **Antwortpsalm** | |
| 9 | Zweite Lesung | |
| **10** | **Ruf vor dem Evangelium** | |
| 11 | Evangelium | |
| **12** | **Credo** *(an Sonntagen und Hochfesten)* | |
| 13 | Fürbitten | |
| **14** | **Dank für das Wort Gottes** | |
| [15] | Einleitung der Kommunionfeier | |
| **[16]** | **Übertragung des Allerheiligsten und Aussetzung** | |
| [17] | Anbetung | |
| 18 | Vaterunser | |
| 19 | Friedensgruß | |
| [20] | Kommunionausteilung | *Orgelspiel / Stille* |
| **[21]** | **Danksagung** | |
| [22] | Abschlussgebet | |
| 23 | Segen und Entlassung | |
| **24** | **Auszug** | |

Aus: Heribert Blum / Oliver Preisner, Wort-Gottes-Feiern. Vorbereitete Sonntagsgottesdienste, wenn der Priester unerwartet nicht da ist, Schwabenverlag

# Die Wort-Gottes-Feier in der Weihnachtszeit

## 1. Einzug

Vor dem Auszug aus der Sakristei (hierbei bekreuzigen sich der/die LeiterIn der Wort-Gottes-Feier[1] und die anderen liturgischen Dienste):

**Lt.: Unsere Hilfe ist im Namen des Herrn.**
**A.: Der Himmel und Erde erschaffen hat.**

Beim Einzug wird von einem/einer MessdienerIn oder von einer/einem LektorIn das Evangeliar – wenn vorhanden – getragen und dann auf den Altar oder an der hierfür vorgesehenen Stelle abgelegt. Während des Einzugs wird der Gesang zur Eröffnung gesungen. Hierbei kann – wie bei jedem Gesang während der Wort-Gottes-Feier – alternativ zu den hier angegebenen Liedern ein von dem/der KirchenmusikerIn ausgewähltes Lied gesungen werden.

Oder:
1.a GL 241, 1.–3. Str. „Nun freut euch, ihr Christen"

Oder:
1.b GL 237, 1.–3. Str. „Vom Himmel hoch, da komm ich her"

Die liturgische Gruppe (LeiterIn, MessdienerInnen etc.) verehrt den Altar (Verneigung bzw. Kniebeuge, falls sich der Tabernakel im Altarraum befindet) und geht zu den Sitzplätzen.

---

[1] Folgende Abkürzungen werden verwendet: *Lt.* = LeiterIn, *L.* = LektorIn, *Ko.* = KommunionhelferIn, *A.* = Alle.

## Kreuzzeichen und liturgische Begrüßung 2.

Alle stehen und machen das Kreuzzeichen. Der/die LeiterIn spricht vom Sitz aus (fehlt dort ein Mikrofon, dann notfalls am Ambo):

Lt.: **Im Namen des Vaters und des Sohnes und des Heiligen Geistes.**
A.: **Amen.**

Lt.: **Jesus Christus ist in unsere Welt gekommen.**
**Er schenkt uns seinen Frieden**
**heute und in Ewigkeit.**
A.: **Amen.**

Ggfs. „bürgerliche Begrüßung“ durch den/die LeiterIn der Wort-Gottes-Feier (kann aber auch entfallen).
Spätestens an dieser Stelle: Information an die Gemeinde, dass heute statt der Messfeier eine Wort-Gottes-Feier gehalten wird (mit möglichst allgemein gehaltener Begründung).

## Allgemeines Schuldbekenntnis und Vergebungsbitte 3.

Lt.: **Brüder und Schwestern,**
**bevor wir das Wort Gottes hören**
**und die Gegenwart Jesu Christi im Wort feiern,**
**wollen wir uns besinnen**
**und Gott um Vergebung unserer Sünden bitten.**
**Wir sprechen das Schuldbekenntnis:**

A.: **Ich bekenne Gott, dem Allmächtigen,**
**und allen Brüdern und Schwestern,** →

dass ich Gutes unterlassen
und Böses getan habe
– ich habe gesündigt
in Gedanken, Worten und Werken –
durch meine Schuld, durch meine Schuld,
durch meine große Schuld.
Darum bitte ich die selige Jungfrau Maria,
alle Engel und Heiligen
und euch, Brüder und Schwestern,
für mich zu beten bei Gott, unserem Herrn.

Der/die LeiterIn spricht die Vergebungsbitte:

Lt.: Der Herr erbarme sich unser.
Er nehme von uns Sünde und Schuld,
damit wir mit reinem Herzen
diese Feier begehen.

A.: Amen.

## 4. Kyrie

4.a GL 159 (KirchenmusikerIn / Alle – singen)

Oder:

4.b GL 163, 3 (KirchenmusikerIn / Alle – singen)

Oder: (gesprochen)

| | | Oder: |
|---|---|---|
| Lt.: | Kyrie, eleison. | Herr, erbarme dich (unser). |
| A.: | Kyrie, eleison. | Herr, erbarme dich (unser). |

**Lt.: Christe, eleison. | Christus, erbarme dich (unser).**
**A.: Christe, eleison. | Christus, erbarme dich (unser).**

**Lt.: Kyrie, eleison. | Herr, erbarme dich (unser).**
**A.: Kyrie, eleison. | Herr, erbarme dich (unser).**

An Sonntagen, Hochfesten und Festen sowie an allen Tagen zwischen dem 25. Dezember und dem 1. Januar wird das Gloria gebetet bzw. gesungen:

## Gloria 5.

GL 250, 1.+3.–5. Str. „Engel auf den Feldern singen“ 5.a

Oder:
GL 245, 1.–3. Str. „Menschen, die ihr wart verloren“ 5.b

## Eröffnungsgebet 6.

**Lt.: Lasset uns beten.** – Kurze Stille –

Man kann in aller Regel das Tagesgebet vom Tage aus dem Messbuch bzw. dem Schott nehmen. Im Einzelfall ist zu prüfen, ob es für die Wort-Gottes-Feier geeignet ist. In seltenen Fällen kann man es nicht verwenden, weil es inhaltlich auf die Eucharistiefeier abgestimmt ist. Ansonsten:

**Lt.: Allmächtiger Gott,** 6.1
**dein ewiger Sohn ist Mensch geworden**
**aus seiner jungfräulichen Mutter Maria.**
**Lass uns diesen Glauben immer treu bewahren**
**und einst zur ewigen Freude bei dir gelangen.** →

Darum bitten wir durch ihn, Jesus Christus,
deinen Sohn, unseren Herrn und Gott,
der in der Einheit des Heiligen Geistes
mit dir lebt und herrscht in alle Ewigkeit.

A.: Amen.

Oder:

6.2 Lt.: Heiliger Gott,
dein Licht ist in die Welt gekommen
und hat die Finsternis überwunden.
Sieh gnädig auf uns, deine Kinder,
und lass uns die Herrlichkeit
der Geburt deines Sohnes Jesus Christus
mit würdigem Lob feiern,
der in der Einheit des Heiligen Geistes
mit dir lebt und herrscht in alle Ewigkeit.

A.: Amen.

## 7. Erste Lesung

Der/die LektorIn geht zum Ambo und trägt die erste Lesung vom Tage vor (siehe Lektionar).

## 8. Antwortpsalm

In Absprache mit dem/der KirchenmusikerIn sollte man den im Lek-
8.a tionar nach der ersten Lesung vorgesehenen Antwortpsalm mit dem
entsprechenden Liedruf (Kehrvers) singen oder im Wechsel beten.

Im Ausnahmefall darf der Antwortpsalm durch einen anderen dazu geeigneten Gesang (z. B. ein Psalmlied) ersetzt werden.

Oder:
Psalm 72 (GL 635, 3+5) (KirchenmusikerIn / Alle – singen) 8.b
Kehrvers: GL 635, 3 („Heute ist uns der Heiland geboren, Christus, der Herr")
Verse: GL 635, 5: Verse 7+8, 11+12, 19+20
Der Kehrvers wird nach jedem Psalmvers von allen wiederholt.

An Sonntagen und Hochfesten folgt die zweite Lesung. Wenn mehrere LektorInnen anwesend sind, sollte die zweite Lesung von einem/einer weiteren LektorIn vorgetragen werden.

## Zweite Lesung 9.

Der/die LektorIn geht zum Ambo und trägt die zweite Lesung vom Tage (siehe Lektionar) vor.

## Ruf vor dem Evangelium 10.

GL 174, 4 10.ab

Der dazugehörige Vers sollte der Messe vom Tage aus dem Lektionar entnommen werden.

## 11. Evangelium

Der/die LeiterIn (bzw. ein/e LektorIn) geht zum Ambo und verkündet das Evangelium vom Tage (siehe Lektionar bzw. Evangeliar). MessdienerInnen können die Evangelienprozession mit Leuchtern begleiten. Ggfs. kann das Lektionar/Evangeliar auch mit Weihrauch verehrt werden.
Bei der Einleitung zum Evangelium entfällt der Zuruf: „Der Herr sei mit euch", falls ein Laie das Evangelium verkündigt. Er/sie beginnt sofort mit:

Lt.: **Aus dem heiligen Evangelium nach** N.
A.: **Ehre sei dir, o Herr.**

Wird Weihrauch verwendet, so inzensiert der/die LeiterIn (bzw. LektorIn) zunächst das Buch; dann verkündet er/sie das Evangelium.
Nach dem Evangelium fügt der/die LeiterIn (bzw. LektorIn) folgende Schlussformel an:

Lt.: **Evangelium unseres Herrn Jesus Christus.**

Oder:

Lt.: **Frohe Botschaft unseres Herrn Jesus Christus.**
A.: **Lob sei dir, Christus.**

Zur Verehrung des Wortes Gottes küsst der/die LeiterIn (bzw. LektorIn) das Lektionar bzw. das Evangeliar.

Sofern keine Lesepredigt oder ein Meditationstext zur Verfügung steht, wird empfohlen, nach der Verkündigung des Evangeliums eine Stille zu halten und die Gläubigen zum Nachdenken über die gehörten Texte einzuladen, z. B.:

Lt.: **Wir haben das Wort Gottes in der/den Lesung(en) und im Evangelium gehört. Wir wollen dieses Wort in einigen Momenten der Stille bedenken.**

An Sonntagen, an Hochfesten und bei anderen festlichen Gottesdiensten folgt das Credo (Glaubensbekenntnis):

## Credo 12.

Es wird das Apostolische Glaubensbekenntnis gesprochen (GL 3, 4). 12.a

Lt.: Wir sprechen das Apostolische Glaubensbekenntnis.

A.: Ich glaube an Gott,
den Vater, den Allmächtigen,
den Schöpfer des Himmels und der Erde,
und an Jesus Christus,
seinen eingeborenen Sohn, unsern Herrn,
empfangen durch den Heiligen Geist,
geboren von der Jungfrau Maria,
gelitten unter Pontius Pilatus,
gekreuzigt, gestorben und begraben,
hinabgestiegen in das Reich des Todes,
am dritten Tage auferstanden von den Toten,
aufgefahren in den Himmel;
er sitzt zur Rechten Gottes,
des allmächtigen Vaters; →

**von dort wird er kommen,**
**zu richten die Lebenden und die Toten.**
**Ich glaube an den Heiligen Geist,**
**die heilige katholische Kirche,**
**Gemeinschaft der Heiligen,**
**Vergebung der Sünden,**
**Auferstehung der Toten**
**und das ewige Leben. Amen.**

Oder:

12.b GL 180 „Credo in unum Deum"

## 13. Fürbitten

(aus einem Fürbittbuch aus der Sakristei oder eines der folgenden Formulare:)

13.1 Die nachfolgenden Rufe „Gott, unser Vater: Wir bitten dich, erhöre uns" können auch jeweils gesungen werden.

Lt.: Gott, unser Vater, als deine geliebten Kinder kommen wir zu dir und bitten dich in den Anliegen der Welt und der Kirche:

L.: Wir bitten für unseren Papst N., für alle Bischöfe und für alle, die in der Kirche wichtige Aufgaben zu erfüllen haben. – Gott, unser Vater:

A.: **Wir bitten dich, erhöre uns.**

L.: Wir bitten in diesen Weihnachtstagen für unsere Familien, für die Eheleute und die Kinder, besonders aber auch für die Familien, in denen Zank und Streit herrschen. - Gott, unser Vater:
A.: Wir bitten dich, erhöre uns.

L.: Wir bitten für alle Menschen, die in diesen weihnachtlichen Tagen Not leiden und von Unglücken heimgesucht werden. - Gott, unser Vater:
A.: Wir bitten dich, erhöre uns.

L.: Wir bitten für jene Menschen, die dich aus ihrem Leben verbannt haben, und für diejenigen, die deiner Liebe nicht mehr trauen. - Gott, unser Vater:
A.: Wir bitten dich, erhöre uns.

L.: Wir bitten für die Kranken und Sterbenden und für alle, die in diesen Tagen um einen lieben Angehörigen trauern. - Gott, unser Vater:
A.: Wir bitten dich, erhöre uns.

Ggfs. kann man noch als Fürbitte einfügen (z. B. Messintentionen aufgreifen):

L.: Wir beten heute besonders für ... - Gott, unser Vater.
A.: Wir bitten dich, erhöre uns. →

L.: Wir bitten für unsere Gemeinden, dass auch heute bei uns Menschen in den priesterlichen Dienst gerufen werden, welche mit ihrem ganzen Tun und Leben Zeichen und Werkzeug deiner Liebe sein werden. – Gott, unser Vater:

A.: Wir bitten dich, erhöre uns.

Lt.: Herr, unser Gott, die Menschwerdung deines Sohnes ist Zeichen deiner Liebe zu uns. Schenke allen Menschen die Fülle deiner Gnade und die Vollendung in deinem Reich. Darum bitten wir durch Christus, unsern Herrn.

A.: Amen.

Oder:

13.2 Lt.: Lasset uns beten zu unserem Gott, der für uns in seinem Sohn Mensch geworden ist, um uns zu erlösen und der Welt den Frieden zu bringen:

L.: Für alle, die an Christus glauben: dass seine Menschwerdung ihr christliches Zeugnis lebendig halte. – Gott, unser Vater:

A.: Wir bitten dich, erhöre uns.

L.: Für alle, die an dir zweifeln: dass sie immer wieder dein Wirken in ihrem Leben erkennen. – Gott, unser Vater:

A.: Wir bitten dich, erhöre uns.

L.: Für alle, die in unserer Gesellschaft unbedeutend und namenlos sind: dass sie deine Nähe und deinen Beistand spüren. - Gott, unser Vater:
A.: Wir bitten dich, erhöre uns.

L.: Für alle, die dich suchen: dass sie immer wieder deine Spuren in dieser Welt erkennen. - Gott, unser Vater:
A.: Wir bitten dich, erhöre uns.

L.: Für alle unsere Verstorbenen: dass sie als deine Kinder das verheißene Erbe empfangen. - Gott, unser Vater:
A.: Wir bitten dich, erhöre uns.

Ggfs. kann man noch als Fürbitte einfügen (z. B. Messintentionen aufgreifen):

L.: Wir beten heute besonders für ... - Gott, unser Vater:
A.: Wir bitten dich, erhöre uns.

L.: Für alle, die du berufen willst: dass sie ein hörendes Herz und wachen Mut haben, auf dich zuzugehen. - Gott, unser Vater:
A.: Wir bitten dich, erhöre uns. →

**Lt.: Guter Gott, du bist unser Vater. Hilf uns, deinen Kindern, in allen Notlagen und Gefahren durch deinen menschgewordenen Sohn Jesus Christus, unseren Herrn.**

**A.: Amen.**

## 14. Dank für das Wort Gottes

Als Dank für das Wort Gottes wird ein geeignetes Lied gesungen. Falls es als angebracht erachtet wird, kann an dieser Stelle eine Kollekte durchgeführt werden. Es wird jedoch empfohlen, sie als Türkollekte am Ende der Wort-Gottes-Feier anzukündigen und durchzuführen.

14.a GL 240, 1.–4. Str. „Hört, es singt und klingt mit Schalle"

Oder:

14.b GL 247, 1.–3. Str. „Lobt Gott, ihr Christen allzugleich"

Falls keine Kommunionfeier stattfinden soll, entfallen die folgenden Ziffern [15] bis [17], [20] bis [22]. In diesem Falle fährt man mit Ziffer 18 (Vaterunser) und Ziffer 19 (Friedensgruß) fort.

Falls die Kommunion ausgeteilt werden soll:

## [15.] Einleitung der Kommunionfeier

Sofern eine Person, die keine bischöfliche Beauftragung zum Austeilen der Kommunion besitzt, die Leitung der Wort-Gottes-Feier innehat, sollte den Kommunionteil ein/e KommunionhelferIn übernehmen. Er/sie tritt jetzt an den Altartisch. Soweit sich weitere KommunionhelferInnen noch in den Bänken aufhalten und für das Austeilen benötigt werden, sollten auch sie jetzt zum Altar kommen. Ein/e KommunionhelferIn leitet in die Kommunionfeier über und stellt hierbei eine Verbindung zur Eucharistiefeier her, in der die Hostien, die jetzt ausgeteilt werden sollen, konsekriert worden sind. Das kann mit den folgenden Worten geschehen:

Ko.: Wir haben das Wort Gottes gehört. In den Worten der Heiligen Schrift ist Jesus Christus unter uns gegenwärtig.
In der Wort-Gottes-Feier werden im Gegensatz zur Eucharistiefeier keine Gaben in seinen Leib und sein Blut verwandelt. Die heilige Kommunion bleibt die Frucht der Eucharistiefeier. Wenn wir also jetzt seinen Leib empfangen, verbindet uns das mit der Eucharistiefeier, die wir am vergangenen Wochenende (ggfs. einen anderen Termin angeben) hier (ggfs. einen anderen Ort einfügen, z. B. in der Kirche St. ...) zuletzt gefeiert haben. Nach unserem katholischen Glaubensverständnis ist die bleibende Gegenwart des Herrn im eucharistischen Brot für uns ein kostbares Gut, das den Glauben nährt, die Hoffnung stärkt und die Gemeinschaft mit unserem Herrn Jesus Christus festigt.

## Übertragung des Allerheiligsten [16.]

Der/die KommunionhelferIn breitet das (ggfs. von einem/einer MessdienerIn herbeigebrachte) Korporale auf dem Altar aus. Danach holt er/sie oder währenddessen ein/e andere/r KommunionhelferIn das Allerheiligste aus dem Tabernakel und stellt das Ziborium auf den Altar. Dabei kann das Allerheiligste von MinistrantInnen mit Leuchtern begleitet werden.

Dazu wird ein Sakramentslied gesungen:

[16.a] GL 251, 3.+4. Str. „Jauchzet, ihr Himmel, frohlocket, ihr Engel der Chöre“

Oder:

[16.b] GL 497, 1.+3.+5. Str. „Gottheit tief verborgen“

## [17.] Anbetung

Sofern es insbesondere aus gesundheitlichen Gründen möglich ist, sollten sich alle anwesenden liturgischen Dienste vor dem Altar auf die Stufe knien und eine Weile mit der Gemeinde in stillem Gebet vor dem Allerheiligsten verharren.
Ggfs. kann eine kurze eucharistische Anbetung erfolgen, z. B. GL 674, 2 oder 675, 6 oder 675, 8 oder 676, 1.
Danach versammeln sich die KommunionhelferInnen und die übrigen liturgischen Dienste hinter dem Altar.

## 18. Vaterunser

Ko. bzw. Lt.: **Lasset uns beten,**
**wie der Herr uns zu beten gelehrt hat:**

A.: **Vater unser im Himmel,**
**geheiligt werde dein Name.**
**Dein Reich komme.**
**Dein Wille geschehe,**
**wie im Himmel so auf Erden.**
**Unser tägliches Brot gib uns heute.**
**Und vergib uns unsere Schuld,**
**wie auch wir vergeben unsern Schuldigern.**

Und führe uns nicht in Versuchung,
sondern erlöse uns von dem Bösen.
Denn dein ist das Reich
und die Kraft und die Herrlichkeit
in Ewigkeit.
Amen.

## Friedensgruß 19.

Ko. bzw. Lt.: Als Christus geboren wurde,
verkündeten Engel den Frieden auf Erden.
Deshalb bitten wir:
Herr Jesus Christus,
starker Gott, Friedensfürst,
schau nicht auf unsere Sünden,
sondern auf den Glauben deiner Kirche
und schenke ihr nach deinem Willen
Einheit und Frieden.
Geben wir einander ein Zeichen des Friedens
und der Versöhnung.

Falls keine Kommunion ausgeteilt wird, weiter mit dem Segen unter Ziffer 23.

## Kommunionausteilung [20.]

Der/die KommunionhelferIn macht eine Kniebeuge vor dem Allerheiligsten, öffnet das Ziborium, entnimmt eine Hostie, hebt diese hoch und spricht:

**Ko.:** Seht das Lamm Gottes,
das hinwegnimmt die Sünde der Welt.
**A.:** Herr, ich bin nicht würdig,
dass du eingehst unter mein Dach,
aber sprich nur ein Wort,
so wird meine Seele gesund.

Der/die KommunionhelferIn kann hinzufügen:

**Ko.:** Selig, die zum Hochzeitsmahl des Lammes geladen sind.

Oder:

**Ko.:** Kostet und seht, wie gut der Herr ist.

Oder:

**Ko.:** Wer von diesem Brot isst, wird in Ewigkeit leben.

Oder den Kommunionvers der Tagesmesse aus dem Messbuch.

Danach folgt das Austeilen der Kommunion in der üblichen Form. Zuerst kommunizieren der oder die KommunionhelferInnen und die anderen liturgischen Dienste, dann die Gemeinde.
Falls absehbar ist, dass die vorhandenen Hostien nicht für alle reichen, sollten die Hostien bereits jetzt am Altar geteilt werden.

## Zur Austeilung Orgelspiel oder Stille

Im Anschluss wird das Allerheiligste zurück zum Tabernakel gebracht. Dabei kann das Allerheiligste von MinistrantInnen mit Leuchtern begleitet werden.
Es folgt eine Stille zum persönlichen Dankgebet.

## Danksagung [21.]

GL 256, 1.–2. Str. „Ich steh an deiner Krippe hier“ [21.a]

Oder:
GL 239, 1.–4. Str. „Zu Betlehem geboren“ [21.b]

## Abschlussgebet [22.]

Das Abschlussgebet erfolgt vom Sitz aus. Sofern dort kein Mikrofon vorhanden ist, kann es notfalls auch vom Ambo aus erfolgen.
Wenn die heilige Kommunion ausgeteilt worden ist, kann man in der Regel das Schlussgebet vom Tage aus dem Messbuch oder dem Schott nehmen. Man sollte jedoch prüfen, ob es auch für die alleinige Austeilung des konsekrierten Brotes (ohne Wein) geeignet ist. Ansonsten:

Lt.: Lasset uns beten. – ggfs. kurze Stille – [22.1]
Herr, unser Gott,
in der Freude über die Geburt unseres Erlösers
bitten wir dich:
Gib uns die Gnade, ihm unser ganzes Leben zu weihen,
damit wir einst Anteil erhalten
an der ewigen Herrlichkeit deines Sohnes,
der mit dir lebt und herrscht in alle Ewigkeit.
A.: Amen.

Oder:

[22.2] Lt.: **Lasset uns beten.** – ggfs. kurze Stille –
**Herr, unser Gott,**
**die Menschwerdung deines Sohnes**
**erfülle uns mit Freude und Dank.**
**Lass uns dieses unergründliche Geheimnis**
**im Glauben erfassen und in tätiger Liebe bekennen.**
**Darum bitten wir durch Christus, unseren Herrn.**

A.: **Amen.**

## 23. Segen und Entlassung

Segen und Entlassung erfolgen vom Sitz aus. Sofern dort kein Mikrofon vorhanden ist, können sie notfalls auch vom Ambo aus erfolgen.

Lt.: **Der barmherzige Gott hat durch die Geburt seines Sohnes die Finsternis vertrieben und diese Welt erleuchtet mit dem Glanz seines Lichtes; er lasse sein Licht hell strahlen in unseren Herzen.**

A.: **Amen.**

Lt.: **Den Hirten ließ er durch den Engel große Freude verkünden; mit dieser Freude erfülle er unser ganzes Leben. Er sende uns aus, die frohe Botschaft zu verkünden.**

A.: **Amen.**

Lt.: **In Christus hat Gott Himmel und Erde verbunden; durch ihn schenke er uns Frieden und Gnade in Fülle; durch ihn vereine er uns mit der Kirche des Himmels.**
A.: **Amen.**

Lt.: **Das gewähre uns der dreieinige Gott,**

(alle bekreuzigen sich)

**der Vater und der Sohn und der Heilige Geist.**
A.: **Amen.**

Falls nach den Fürbitten keine Kollekte abgehalten worden ist, kann diese als Türkollekte nach dem Auszug erfolgen. Die Türkollekte (und ggfs. ihr Verwendungszweck) wäre an dieser Stelle anzukündigen, z. B.:

Lt.: **Die Kollekte, die wir heute als Türkollekte am Ende der Wort-Gottes-Feier durchführen, ist für …** (Verwendungszweck ergänzen) **bestimmt. Wir danken Ihnen für das, was Sie geben können.**

Oder (ohne Verwendungszweck):

Lt.: **Die Kollekte wird heute als Türkollekte am Ende der Wort-Gottes-Feier durchgeführt. Wir bedanken uns für das, was Sie geben können.**

Es folgt der Entlassungsruf:

Lt.: **Gehet hin in Frieden.**
A.: **Dank sei Gott, dem Herrn.**

Oder:

**Lt.: Singet Lob und Preis.**
**A.: Dank sei Gott, dem Herrn.**

Sofern der/die LeiterIn der Wort-Gottes-Feier es für angebracht hält, kann noch eine „bürgerliche Verabschiedung" erfolgen, z. B.:

**Lt.: Wir wünschen Ihnen einen schönen und gesegneten Sonntag (Feiertag).**

## 24. Auszug und ggfs. Schlusslied

Der/die LeiterIn und die weiteren liturgischen Dienste versammeln sich vor dem Altar, verehren ihn durch eine Verneigung oder eine Kniebeuge und kehren in die Sakristei zurück. Da Christus weiterhin in seinem Wort in seiner Gemeinde bleibt, wird das Evangeliar beim Auszug nicht mitgenommen.

Während des Auszugs kann, wo es üblich ist, ein Lied gesungen werden:

24.a GL 238, 1.–3. Str. „O du fröhliche"

Oder:

24.b GL 241, 3.+4. Str. „Nun freut euch, ihr Christen"

# Zeit im Jahreskreis

Die Zeit im Jahreskreis umfasst
zwei Zeiträume, nämlich:

1.
Montag nach dem
Fest der Taufe des Herrn
bis zum Dienstag vor
Aschermittwoch

2.
Montag nach Pfingsten[1]
bis zum Samstag vor dem
ersten Adventssonntag.[2]

---

[1] Für den Pfingstmontag enthält das Messbuch für die Bistümer des deutschen Sprachgebietes ein eigenes Messformular, das vom Pfingstgedanken geprägt ist. Vor diesem Hintergrund sollte für eine Wort-Gottes-Feier im Notfall an diesem Tag auf das Gottesdienstmodell für die Osterzeit zurückgegriffen werden, welches entsprechende Hinweise für den Pfingstmontag enthält.

[2] Die Vorabendmesse vor dem ersten Adventssonntag gehört schon zur Adventszeit.

# Aufbau der Wort-Gottes-Feier in der Zeit im Jahreskreis

1. Einzug (Lied 1.a / 1.b)
2. Kreuzzeichen und liturgische Begrüßung
3. Allgemeines Schuldbekenntnis und Vergebungsbitte
4. Kyrie
5. Gloria *(nur an Sonntagen, Hochfesten und Festen)*
6. Eröffnungsgebet (ggfs. 6.1 / 6.2)
7. Erste Lesung
8. Antwortpsalm 8.a / 8.b
9. Zweite Lesung
10. Ruf vor dem Evangelium (Halleluja) 10.a / 10.b
11. Evangelium
12. Credo sprechen (12.a) oder Lied 12.b *(an Sonntagen und Hochfesten)*
13. Fürbitten
14. Dank für das Wort Gottes (Lied 14.a / 14.b)

[15.] Einleitung der Kommunionfeier

[16.] Übertragung des Allerheiligsten und Aussetzung (Lied 16.a / 16.b)

[17.] Anbetung

18. Vaterunser

19. Friedensgruß
[20.] Kommunionausteilung (Orgelspiel/Stille)
[21.] Danksagung (Lied 21.a / 21.b)
[22.] Abschlussgebet (ggfs. 22.1 / 22.2)
23. Segen und Entlassung
24. Auszug (Lied 24.a / 24.b)

Die nachfolgenden Liedzettel sollte man vorsorglich rechtzeitig vor dem Eintritt eines Notfalls – ggfs. sogar mehrfach – kopieren.

Liedzettel A / Zeit im Jahreskreis

| | | |
|---|---|---|
| **1** | **Einzug** | GL 144, 1+2+4 |
| 2 | Kreuzzeichen und liturgische Begrüßung | |
| 3 | Allgemeines Schuldbekenntnis und Vergebungsbitte | |
| **4** | **Kyrie** | GL 163, 1 |
| **5** | **Gloria** *(nur an Sonntagen, Hochfesten und Festen)* | GL 172 |
| 6 | Eröffnungsgebet | |
| 7 | Erste Lesung | |
| **8** | **Antwortpsalm** | *vom Tag* |
| 9 | Zweite Lesung | |
| **10** | **Ruf vor dem Evangelium** | GL 174, 8 *mit Vers vom Tag* |
| 11 | Evangelium | |
| **12** | **Credo** *(an Sonntagen und Hochfesten)* | GL 3, 4 |
| 13 | Fürbitten | |
| **14** | **Dank für das Wort Gottes** | GL 382, 1+2+5 |
| [15] | Einleitung der Kommunionfeier | |
| **[16]** | **Übertragung des Allerheiligsten und Aussetzung** | GL 492, 1+2 |
| [17] | Anbetung | |
| 18 | Vaterunser | |
| 19 | Friedensgruß | |
| [20] | Kommunionausteilung | *Orgelspiel / Stille* |
| **[21]** | **Danksagung** | GL 484, 1+2+4+6 |
| [22] | Abschlussgebet | |
| 23 | Segen und Entlassung | |
| **24** | **Auszug** | GL 451, 1–3 |

Aus: Heribert Blum / Oliver Preisner, Wort-Gottes-Feiern. Vorbereitete Sonntagsgottesdienste, wenn der Priester unerwartet nicht da ist, Schwabenverlag

| | | |
|---|---|---|
| **1** | **Einzug** | GL 148, 1–3 |
| 2 | Kreuzzeichen und liturgische Begrüßung | |
| 3 | Allgemeines Schuldbekenntnis und Vergebungsbitte | |
| **4** | **Kyrie** | GL 164 |
| **5** | **Gloria** *(nur an Sonntagen, Hochfesten und Festen)* | GL 171 |
| 6 | Eröffnungsgebet | |
| 7 | Erste Lesung | |
| **8** | **Antwortpsalm** | GL 37, 1+2, Verse 1–6 |
| 9 | Zweite Lesung | |
| **10** | **Ruf vor dem Evangelium** | GL 175, 3 *mit Vers vom Tag* |
| 11 | Evangelium | |
| **12** | **Credo** *(an Sonntagen und Hochfesten)* | GL 177 |
| 13 | Fürbitten | |
| **14** | **Dank für das Wort Gottes** | GL 411, 1+2+4 |
| [15] | Einleitung der Kommunionfeier | |
| **[16]** | **Übertragung des Allerheiligsten und Aussetzung** | GL 498, 1–4 |
| [17] | Anbetung | |
| 18 | Vaterunser | |
| 19 | Friedensgruß | |
| [20] | Kommunionausteilung | *Orgelspiel / Stille* |
| **[21]** | **Danksagung** | GL 405, 1–3 |
| [22] | Abschlussgebet | |
| 23 | Segen und Entlassung | |
| **24** | **Auszug** | GL 395, 1–3 |

Aus: Heribert Blum / Oliver Preisner, Wort-Gottes-Feiern. Vorbereitete Sonntagsgottesdienste, wenn der Priester unerwartet nicht da ist, Schwabenverlag

Blanko-Liedzettel / Zeit im Jahreskreis

| | | |
|---|---|---|
| **1** | **Einzug** | |
| 2 | Kreuzzeichen und liturgische Begrüßung | |
| 3 | Allgemeines Schuldbekenntnis und Vergebungsbitte | |
| **4** | **Kyrie** | |
| **5** | **Gloria** *(nur an Sonntagen, Hochfesten und Festen)* | |
| 6 | Eröffnungsgebet | |
| 7 | Erste Lesung | |
| **8** | **Antwortpsalm** | |
| 9 | Zweite Lesung | |
| **10** | **Ruf vor dem Evangelium** | |
| 11 | Evangelium | |
| **12** | **Credo** *(an Sonntagen und Hochfesten)* | |
| 13 | Fürbitten | |
| **14** | **Dank für das Wort Gottes** | |
| [15] | Einleitung der Kommunionfeier | |
| **[16]** | **Übertragung des Allerheiligsten und Aussetzung** | |
| [17] | Anbetung | |
| 18 | Vaterunser | |
| 19 | Friedensgruß | |
| [20] | Kommunionausteilung | *Orgelspiel / Stille* |
| **[21]** | **Danksagung** | |
| [22] | Abschlussgebet | |
| 23 | Segen und Entlassung | |
| **24** | **Auszug** | |

# Die Wort-Gottes-Feier in der Zeit im Jahreskreis

## 1. Einzug

Vor dem Auszug aus der Sakristei (hierbei bekreuzigen sich der/die LeiterIn der Wort-Gottes-Feier[1] und die anderen liturgischen Dienste):

**Lt.: Unsere Hilfe ist im Namen des Herrn.**
**A.: Der Himmel und Erde erschaffen hat.**

Beim Einzug wird von einem/einer MessdienerIn oder von einem/einer LektorIn das Evangeliar – wenn vorhanden – getragen und dann auf den Altar oder an der hierfür vorgesehenen Stelle abgelegt. Während des Einzugs wird der **Gesang zur Eröffnung** gesungen. Hierbei kann – wie bei jedem Gesang während der Wort-Gottes-Feier – alternativ zu den hier angegebenen Liedern ein von dem/der KirchenmusikerIn ausgewähltes Lied gesungen werden.

Oder:

1.a GL 144, 1.+2.+4. Str. „Nun jauchzt dem Herren, alle Welt"

Oder:

1.b GL 148, 1.–3. Str. „Komm her, freu dich mit uns, tritt ein"

Die liturgische Gruppe (LeiterIn, MessdienerInnen etc.) verehrt den Altar (Verneigung bzw. Kniebeuge, falls sich der Tabernakel im Altarraum befindet) und geht zu den Sitzplätzen.

---

[1] Folgende Abkürzungen werden verwendet: *Lt.* = LeiterIn, *L.* = LektorIn, *Ko.* = KommunionhelferIn, *A.* = Alle.

## Kreuzzeichen und liturgische Begrüßung 2.

Alle stehen und machen das Kreuzzeichen. Der/die LeiterIn spricht vom Sitz aus (fehlt dort ein Mikrofon, dann notfalls am Ambo):

**Lt.: Im Namen des Vaters und des Sohnes und des Heiligen Geistes.**
**A.: Amen.**

**Lt.: Jesus Christus ist in unserer Mitte**
**und schenkt uns seinen Frieden**
**heute und in Ewigkeit.**
**A.: Amen.**

Ggfs. „bürgerliche Begrüßung" durch den/die LeiterIn der Wort-Gottes-Feier (kann aber auch entfallen).
Spätestens an dieser Stelle: Information an die Gemeinde, dass heute statt der Messfeier eine Wort-Gottes-Feier gehalten wird (mit möglichst allgemein gehaltener Begründung).

## Allgemeines Schuldbekenntnis und Vergebungsbitte 3.

**Lt.: Brüder und Schwestern,**
**bevor wir das Wort Gottes hören**
**und die Gegenwart Jesu Christi im Wort feiern,**
**wollen wir uns besinnen**
**und Gott um Vergebung unserer Sünden bitten.**
**Wir sprechen das Schuldbekenntnis:**
**A.: Ich bekenne Gott, dem Allmächtigen,**
**und allen Brüdern und Schwestern,** →

dass ich Gutes unterlassen
und Böses getan habe
- ich habe gesündigt
in Gedanken, Worten und Werken -
durch meine Schuld, durch meine Schuld,
durch meine große Schuld.
Darum bitte ich die selige Jungfrau Maria,
alle Engel und Heiligen
und euch, Brüder und Schwestern,
für mich zu beten bei Gott, unserem Herrn.

Der/die LeiterIn spricht die Vergebungsbitte:

Lt.: Der Herr erbarme sich unser.
Er nehme von uns Sünde und Schuld,
damit wir mit reinem Herzen
diese Feier begehen.
A.: Amen.

## 4. Kyrie

4.a GL 163, 1 (KirchenmusikerIn / Alle – singen)

Oder:

4.b GL 164 (KirchenmusikerIn / Alle – singen)

Oder: (gesprochen)

| | | Oder: |
|---|---|---|
| Lt.: | Kyrie, eleison. | Herr, erbarme dich (unser). |
| A.: | Kyrie, eleison. | Herr, erbarme dich (unser). |

Lt.: **Christe, eleison. | Christus, erbarme dich (unser).**
A.: **Christe, eleison. | Christus, erbarme dich (unser).**

Lt.: **Kyrie, eleison. | Herr, erbarme dich (unser).**
A.: **Kyrie, eleison. | Herr, erbarme dich (unser).**

An Sonntagen, Hochfesten und Festen wird das Gloria gebetet bzw. gesungen:

## Gloria 5.

GL 172 „Gott in der Höh sei Preis und Ehr" 5.a

Oder:
GL 171 „Preis und Ehre Gott dem Herren" 5.b

## Eröffnungsgebet 6.

Lt.: **Lasset uns beten.** – Kurze Stille –

Man kann in aller Regel das Tagesgebet vom Tage aus dem Messbuch bzw. dem Schott nehmen. Im Einzelfall ist zu prüfen, ob es für die Wort-Gottes-Feier geeignet ist. In seltenen Fällen kann man es nicht verwenden, weil es inhaltlich auf die Eucharistiefeier abgestimmt ist. Ansonsten:

6.1 Lt.: Gott, unser Vater.
Wir sind als deine Gemeinde versammelt
und rufen dich an:
Öffne unser Ohr,
damit wir hören und verstehen,
was du uns heute sagen willst.
Gib uns ein gläubiges Herz,
damit unser Beten dir gefällt
und unser Leben vor dir bestehen kann.
Darum bitten wir durch Jesus Christus,
deinen Sohn, unseren Herrn und Gott,
der in der Einheit des Heiligen Geistes
mit dir lebt und herrscht in alle Ewigkeit.
A.: Amen.

Oder:

6.2 Lt.: Gott,
Dein Wort bringt Licht und Freude in die Welt.
Es macht das Leben reich,
es stiftet Frieden und Versöhnung.
Gib, dass wir es nicht achtlos überhören.
Mach uns aufnahmebereit.
Bring dein Wort in uns zu hundertfältiger
Frucht.
Darum bitten wir durch Jesus Christus,
deinen Sohn, unseren Herrn und Gott,
der in der Einheit des Heiligen Geistes
mit dir lebt und herrscht in alle Ewigkeit.
A.: Amen.

## Erste Lesung 7.

Der/die LektorIn geht zum Ambo und trägt die erste Lesung vom Tage vor (siehe Lektionar).

## Antwortpsalm 8.

In Absprache mit dem/der KirchenmusikerIn sollte man den im Lektionar nach der ersten Lesung vorgesehenen Antwortpsalm mit dem 8.a
entsprechenden Liedruf (Kehrvers) singen oder im Wechsel beten. Im Ausnahmefall darf der Antwortpsalm durch einen anderen dazu geeigneten Gesang (z. B. ein Psalmlied) ersetzt werden.

Oder:
Psalm 23 (GL 37, 1+2) (KirchenmusikerIn / Alle – singen) 8.b

Kehrvers: GL 37, 1 („Der Herr ist mein Hirt; er führt mich an Wasser des Lebens")
Verse: GL 37, 2: Verse 1–6

Der Kehrvers wird nach jedem Psalmvers von allen wiederholt.

An Sonntagen und Hochfesten folgt die zweite Lesung. Wenn mehrere LektorInnen anwesend sind, sollte die zweite Lesung von einem/einer weiteren LektorIn vorgetragen werden.

## Zweite Lesung 9.

Der/die LektorIn geht zum Ambo und trägt die zweite Lesung vom Tage (siehe Lektionar) vor.

## 10. Ruf vor dem Evangelium

10.a GL 174, 8

Oder:

10.b GL 175, 3

Der dazugehörige Vers sollte der Messe vom Tage aus dem Lektionar entnommen werden.

## 11. Evangelium

Der/die LeiterIn (bzw. LektorIn) geht zum Ambo und verkündet das Evangelium vom Tage (siehe Lektionar bzw. Evangeliar).
MessdienerInnen können die Evangelienprozession mit Leuchtern begleiten. Ggfs. kann das Lektionar/Evangeliar auch mit Weihrauch verehrt werden.
Bei der Einleitung zum Evangelium entfällt der Zuruf: „Der Herr sei mit euch", falls ein Laie das Evangelium vorträgt. Er/Sie beginnt sofort mit:

Lt.: **Aus dem heiligen Evangelium nach N.**
A.: **Ehre sei dir, o Herr.**

Wird Weihrauch verwendet, so inzensiert der/die LeiterIn (bzw. LektorIn) zunächst das Buch; dann verkündet er/sie das Evangelium.
Nach dem Evangelium fügt der/die LeiterIn (bzw. LektorIn) die folgende Schlussformel an:

Lt.: **Evangelium unseres Herrn Jesus Christus.**

Oder:

Lt.: **Frohe Botschaft unseres Herrn Jesus Christus.**
A.: **Lob sei dir, Christus.**

Zur Verehrung des Wortes Gottes küsst der/die LeiterIn (bzw. LektorIn) das Lektionar bzw. das Evangeliar.

Sofern keine Lesepredigt oder ein geeigneter Meditationstext vorliegen, wird empfohlen, nach der Verkündigung des Evangeliums eine Stille zu halten und die Gläubigen zum Nachdenken über die gehörten Texte einzuladen, z. B.:

Lt.: **Wir haben das Wort Gottes in der/den Lesung(en) und im Evangelium gehört. Wir wollen dieses Wort in einigen Momenten der Stille bedenken.**

An Sonntagen, an Hochfesten und bei anderen festlichen Gottesdiensten folgt das Credo (Glaubensbekenntnis):

## Credo 12.

Es wird das Apostolische Glaubensbekenntnis gesprochen (GL 3, 4). 12.a

Lt.: **Wir sprechen das Apostolische Glaubensbekenntnis.**

A.: **Ich glaube an Gott,**
**den Vater, den Allmächtigen,**
**den Schöpfer des Himmels und der Erde,**
**und an Jesus Christus,**
**seinen eingeborenen Sohn, unsern Herrn,**
**empfangen durch den Heiligen Geist,**
**geboren von der Jungfrau Maria,**
**gelitten unter Pontius Pilatus,**
**gekreuzigt, gestorben und begraben,**
**hinabgestiegen in das Reich des Todes,** →

am dritten Tage auferstanden von den Toten,
aufgefahren in den Himmel;
er sitzt zur Rechten Gottes,
des allmächtigen Vaters;
von dort wird er kommen,
zu richten die Lebenden und die Toten.
Ich glaube an den Heiligen Geist,
die heilige katholische Kirche,
Gemeinschaft der Heiligen,
Vergebung der Sünden,
Auferstehung der Toten
und das ewige Leben. Amen.

Oder:
12.b GL 177 „Credo in unum Deum“

## 13. Fürbitten

(aus einem Fürbittbuch aus der Sakristei oder GL 586, 4–6 oder eines der folgenden Formulare:)

13.1 Die nachfolgenden Rufe „Christus, höre uns. – Christus, erhöre uns“ können auch jeweils gesungen werden.

Lt.: Im gemeinsamen Gebet wenden wir uns an Christus, unseren Herrn, und empfehlen ihm alle, die uns nahestehen, das ganze Volk Gottes und alle Menschen:

L.: Für alle, die deine Frohe Botschaft weitertragen in Worten und Taten, in Predigt und Katechese, im Gottesdienst oder im alltäglichen Leben. - Christus, höre uns.
A.: Christus, erhöre uns.

L.: Für die Mächtigen in Politik, Gesellschaft und Wirtschaft, für die Wissenschaftler und für alle, die Verantwortung tragen für das Wohl der Menschen. - Christus, höre uns.
A.: Christus, erhöre uns.

L.: Für alle Menschen unserer Gemeinde, für die Jungen und die Alten, für die Gesunden und die Kranken, für die Frommen und die Zweifler. - Christus, höre uns.
A.: Christus, erhöre uns.

L.: Für unsere verstorbenen Angehörigen, aber auch für die Verstorbenen, an die niemand denkt. - Christus, höre uns.
A.: Christus, erhöre uns.

Ggfs. kann man noch als Fürbitte einfügen (z. B. Messintentionen aufgreifen):

L.: Wir beten heute besonders für ... - Christus, höre uns.
A.: Christus, erhöre uns.

→

L.: Für unsere Kirche, dass Menschen in deinen besonderen Dienst und den Dienst an unseren Gemeinden berufen werden. – Christus, höre uns.

A.: Christus, erhöre uns.

Lt.: Du hast gesagt: Bittet und ihr werdet empfangen. So höre das Gebet deiner Gemeinde und schenke uns und der ganzen Welt deinen Frieden. Der du lebst und herrschst in alle Ewigkeit.

A.: Amen.

Oder:

13.2 Lt.: Gott ist bei uns in seinem Wort, und er wirkt durch das Wort seines Sohnes. Als seine geliebten Kinder vertrauen wir ihm und bitten ihn deshalb in den Anliegen unserer Zeit:

L.: Für die christlichen Kirchen und Gemeinschaften: um ein geschwisterliches Miteinander im Denken und Handeln und um die Einheit im Glauben. – Himmlischer Vater:

A.: Wir bitten dich, erhöre uns.

L.: Für die Menschen und Völker, die unter Krieg, Bürgerkrieg und Unterdrückung leiden: um Frieden, Freiheit und Gerechtigkeit. – Himmlischer Vater:

A.: Wir bitten dich, erhöre uns.

L.: Für alle, die in karitativen oder pflegerischen Berufen tätig sind: um Kraft und Stärke für ihren Dienst an den Not leidenden Menschen, aber auch um Freude an ihrer Arbeit. – Himmlischer Vater:

A.: Wir bitten dich, erhöre uns.

L.: Für die Einsamen und Verzweifelten: um die Erfahrung deiner heilenden Liebe durch hilfsbereite Menschen. – Himmlischer Vater:

A.: Wir bitten dich, erhöre uns.

L.: Für unsere verstorbenen Schwestern und Brüder, um Teilnahme am Gastmahl des ewigen Lebens. – Himmlischer Vater:

A.: Wir bitten dich, erhöre uns.

Ggfs. kann man noch als Fürbitte einfügen (z. B. Messintentionen aufgreifen):

L.: Wir beten heute besonders für ... – Himmlischer Vater:

A.: Wir bitten dich, erhöre uns.

L.: Für geistliche Berufe und für alle, die sich darauf vorbereiten, ihr Leben dir zu weihen: um Ermutigung und Unterstützung hierzu in Gesellschaft, Pfarrei und Familie. – Himmlischer Vater:

A.: Wir bitten dich, erhöre uns. →

**Lt.:** **Heiliger Gott, du liebst alles, was du geschaffen hast, und sorgst dich um jeden Menschen. Wir danken dir und loben dich jetzt und in alle Ewigkeit.**

**A.:** **Amen.**

## 14. Dank für das Wort Gottes

Als Dank für das Wort Gottes wird ein geeignetes Lied gesungen. Falls es als angebracht erachtet wird, kann an dieser Stelle eine Kollekte durchgeführt werden. Es wird jedoch empfohlen, sie als Türkollekte am Ende der Wort-Gottes-Feier anzukündigen und durchzuführen.

14.a GL 382, 1.+2.+5. Str. „Ein Danklied sei dem Herrn"

Oder:

14.b GL 411, 1.+2.+4. Str. „Erde, singe, dass es klinge"

Falls *keine* Kommunionfeier stattfinden soll, entfallen die folgenden Ziffern [15] bis [17], [20] und [22]. In diesem Falle fährt man mit Ziffer 18 (Vaterunser) und Ziffer 19 (Friedensgruß) fort.

Falls die Kommunion ausgeteilt werden soll:

## [15.] Einleitung der Kommunionfeier

Sofern die Leitung der Wort-Gottes-Feier einer Person, die keine bischöfliche Beauftragung zum Austeilen der Kommunion besitzt, obliegt, sollte den Kommunionteil ein/e KommunionhelferIn übernehmen. Er/sie tritt jetzt an den Altartisch. Soweit sich weitere KommunionhelferInnen noch in den Bänken aufhalten und für das Austeilen benötigt werden, sollten auch sie jetzt zum Altar kommen.

Der/die KommunionhelferIn leitet in die Kommunionfeier über und stellt hierbei eine Verbindung zur Eucharistiefeier her, in der die Hostien, die jetzt ausgeteilt werden sollen, konsekriert worden sind. Das kann mit den folgenden Worten geschehen:

**Ko.:** **Wir haben das Wort Gottes gehört. In den Worten der Heiligen Schrift ist Jesus Christus unter uns gegenwärtig.**
**In der Wort-Gottes-Feier werden im Gegensatz zur Eucharistiefeier keine Gaben in seinen Leib und sein Blut verwandelt. Die heilige Kommunion bleibt die Frucht der Eucharistiefeier. Wenn wir also jetzt seinen Leib empfangen, verbindet uns das mit der Eucharistiefeier, die wir am vergangenen Wochenende** (ggfs. einen anderen Termin angeben) **hier** (ggfs. einen anderen Ort einfügen, z. B. in der Kirche St. ...) **zuletzt gefeiert haben. Nach unserem katholischen Glaubensverständnis ist die bleibende Gegenwart des Herrn im eucharistischen Brot für uns ein kostbares Gut, das den Glauben nährt, die Hoffnung stärkt und die Gemeinschaft mit unserem Herrn Jesus Christus festigt.**

## Übertragung des Allerheiligsten [16.]

Der/die KommunionhelferIn breitet das (ggfs. von einem/einer MessdienerIn herbeigebrachte) Korporale auf dem Altar aus. Danach holt er/sie oder währenddessen ein/e andere/r KommunionhelferIn das Allerheiligste aus dem Tabernakel und stellt das Ziborium auf den

Altar. Dabei kann das Allerheiligste von MinistrantInnen mit Leuchtern begleitet werden.
Dazu wird ein Sakramentslied gesungen:
[16.a] GL 492, 1.+2. Str. „Jesus, du bist hier zugegen"

Oder:
[16.b] GL 498, 1.–4. Str. „Das Heil der Welt, Herr Jesus Christ"

## [17.] Anbetung

Sofern es insbesondere aus gesundheitlichen Gründen möglich ist, sollten sich alle anwesenden liturgischen Dienste vor dem Altar auf die Stufe knien und eine Weile mit der Gemeinde in stillem Gebet vor dem Allerheiligsten verharren.
Ggfs. kann eine kurze eucharistische Anbetung erfolgen, z. B. GL 674, 2 oder 675, 6 oder 675, 8 oder 676, 1.
Danach versammeln sich die KommunionhelferInnen und ggfs. die übrigen liturgischen Dienste hinter dem Altar.

## 18. Vaterunser

Ko. bzw. Lt.: Lasset uns beten,
wie der Herr uns zu beten gelehrt hat:
A.: Vater unser im Himmel,
geheiligt werde dein Name.
Dein Reich komme.
Dein Wille geschehe,
wie im Himmel so auf Erden.
Unser tägliches Brot gib uns heute.
Und vergib uns unsere Schuld,
wie auch wir vergeben unsern Schuldigern.

Und führe uns nicht in Versuchung,
sondern erlöse uns von dem Bösen.
Denn dein ist das Reich
und die Kraft und die Herrlichkeit
in Ewigkeit.
Amen.

## Friedensgruß 19.

Ko. bzw. Lt.: Der Herr hat zu seinen Aposteln gesagt:
Frieden hinterlasse ich euch,
meinen Frieden gebe ich euch.
Deshalb bitten wir:
Herr Jesus Christus,
schau nicht auf unsere Sünden,
sondern auf den Glauben deiner Kirche
und schenke ihr nach deinem Willen
Einheit und Frieden.
Geben wir einander ein Zeichen des Friedens
und der Versöhnung.

Falls keine Kommunion ausgeteilt wird, weiter mit dem Segen unter Ziffer 23.

## Kommunionausteilung [20]

Der/die KommunionhelferIn macht eine Kniebeuge vor dem Allerheiligsten, öffnet das Ziborium, entnimmt eine Hostie, hebt diese über dem Ziborium hoch und spricht:

Ko.: Seht das Lamm Gottes,
das hinwegnimmt die Sünde der Welt.
A.: Herr, ich bin nicht würdig,
dass du eingehst unter mein Dach,
aber sprich nur ein Wort,
so wird meine Seele gesund.

Der/die KommunionhelferIn kann hinzufügen:

Ko.: Selig, die zum Hochzeitsmahl des Lammes geladen sind.

Oder:

Ko.: Kostet und seht, wie gut der Herr ist.

Oder:

Ko.: Wer von diesem Brot isst, wird in Ewigkeit leben.

Oder den Kommunionvers der Tagesmesse aus dem Messbuch.

Danach folgt das Austeilen der Kommunion in der üblichen Form. Zuerst kommunizieren der oder die KommunionhelferInnen und die anderen liturgischen Dienste, dann die Gemeinde.
Falls absehbar ist, dass die vorhandenen Hostien nicht für alle reichen, sollten die Hostien bereits jetzt am Altar geteilt werden.

## Zur Austeilung Orgelspiel oder Stille

Im Anschluss wird das Allerheiligste zurück zum Tabernakel gebracht. Dabei kann das Allerheiligste von MessdienerInnen mit Leuchtern begleitet werden.
Es folgt eine Stille zum persönlichen Dankgebet.

## Danksagung [21.]

GL 484, 1.+2.+4.+6. Str. „Dank sei dir, Vater" [21.a]

Oder:
GL 405, 1.–3. Str. „Nun danket alle Gott" [21.b]

## Abschlussgebet [22.]

Das Abschlussgebet erfolgt vom Sitz aus. Sofern dort kein Mikrofon vorhanden ist, kann es notfalls auch vom Ambo aus erfolgen.
Wenn die heilige Kommunion ausgeteilt worden ist, kann man in der Regel das Schlussgebet vom Tage aus dem Messbuch oder dem Schott nehmen. Man sollte jedoch prüfen, ob es auch für die alleinige Austeilung des konsekrierten Brotes (ohne Wein) geeignet ist. Ansonsten:

Lt.: **Lasset uns beten.** – ggfs. kurze Stille – [22.1]
**Du Gott in unserer Mitte.**
**Dank sei dir für deine Gegenwart, für dein Wort und deine Zusage an uns, deine Gemeinde.**
**Wir bitten dich:**
**Sei mit uns auf allen unseren Wegen.**
**Hilf uns, dass wir im Alltag von dir Zeugnis geben.**
**Sei unsere Hoffnung,**
**wenn unser Leben in Bedrängnis gerät.**
**Darum bitten wir durch Christus, unseren Herrn.**

A.: **Amen.**

Oder:

[22.2] Lt.: Lasset uns beten. – ggfs. kurze Stille –
Allmächtiger Gott,
du bist allen nahe, die auf dich vertrauen.
Segne uns, die wir uns als deine Gemeinde
in deinem Namen versammelt haben.
Sei mit uns auf unseren Wegen
und stehe uns zur Seite,
wenn die Last des Alltags uns zu erdrücken droht
und wenn wir in Gefahr geraten,
dich, das Ziel unseres Lebens,
aus den Augen zu verlieren.
Sei du stets unsere Hoffnung und Zuversicht.
Darum bitten wir durch Christus, unseren Herrn.

A.: Amen.

## 23. Segen und Entlassung

Segen und Entlassung erfolgen vom Sitz aus. Sofern dort kein Mikrofon vorhanden ist, können sie notfalls auch vom Ambo aus erfolgen.

Lt.: Der Segen des allmächtigen Gottes,

(alle bekreuzigen sich)

des Vaters und des Sohnes und des Heiligen Geistes,
komme auf uns herab und bleibe bei uns
allezeit und in Ewigkeit.

A.: Amen.

Falls nach den Fürbitten keine Kollekte abgehalten worden ist, kann diese als Türkollekte nach dem Auszug erfolgen. Die Türkollekte (und ggfs. ihr Verwendungszweck) wäre an dieser Stelle anzukündigen, z. B.:

Lt.: **Die Kollekte, die wir heute als Türkollekte am Ende der Wort-Gottes-Feier durchführen, ist für ...** (Verwendungszweck ergänzen) **bestimmt. Wir danken Ihnen für das, was Sie geben können.**

Oder (ohne Verwendungszweck):

Lt.: **Die Kollekte wird heute als Türkollekte am Ende der Wort-Gottes-Feier durchgeführt. Wir bedanken uns für das, was Sie geben können.**

Es folgt der Entlassungsruf:

Lt.: **Gehet hin in Frieden.**
A.: **Dank sei Gott, dem Herrn.**

Oder:

Lt.: **Singet Lob und Preis.**
A.: **Dank sei Gott, dem Herrn.**

Sofern der/die LeiterIn der Wort-Gottes-Feier es für angebracht hält, kann noch eine „bürgerliche Verabschiedung“ erfolgen, z. B.:

Lt.: **Wir wünschen Ihnen einen schönen und gesegneten Sonntag (Feiertag).**

## 24. Auszug und ggfs. Schlusslied

Der/die LeiterIn und die weiteren liturgischen Dienste versammeln sich vor dem Altar, verehren ihn durch eine Verneigung oder eine Kniebeuge und kehren in die Sakristei zurück. Da Christus in seinem Wort bei seiner Gemeinde bleibt, wird das Evangeliar beim Auszug nicht mitgenommen.

Während des Auszugs kann, wo es üblich ist, ein Lied gesungen werden:

24.a GL 451, 1.–3. Str. „Komm, Herr, segne uns“

Oder:

24.b GL 395, 1.–3. Str. „Den Herren will ich loben“

# Österliche Bußzeit (Fastenzeit)

(von Aschermittwoch
bis Karsamstag)

Zur Feier von Gottesdiensten
an Aschermittwoch, Palmsonntag, Gründonnerstag und Karfreitag
sei auf die Hinweise am Ende des folgenden Gottesdienstvorschlags verwiesen
(Seiten 147–149).

# Aufbau der Wort-Gottes-Feier in der Österlichen Bußzeit

1. Einzug (Lied 1.a / 1.b)
2. Kreuzzeichen und liturgische Begrüßung
3. Allgemeines Schuldbekenntnis und Vergebungsbitte
4. Kyrie
5. Gloria *(nur an Hochfesten und Festen)*
6. Eröffnungsgebet (ggfs. 6.1 / 6.2)
7. Erste Lesung
8. Antwortpsalm 8.a / 8.b
9. Zweite Lesung
10. Ruf vor dem Evangelium (Tractus) 10.a / 10.b
11. Evangelium
12. Credo sprechen (12.a) oder Lied 12.b *(an Sonntagen und Hochfesten)*
13. Fürbitten
14. Dank für das Wort Gottes (Lied 14.a / 14.b)

[15.] Einleitung der Kommunionfeier

[16.] Übertragung des Allerheiligsten und Aussetzung (Lied 16.a / 16.b)

[17.] Anbetung

18. Vaterunser

19. Friedensgruß
[20.] Kommunionausteilung (Orgelspiel/Stille)
[21.] Danksagung (Lied 21.a / 21.b)
[22.] Abschlussgebet (ggfs. 22.1 / 22.2)
23. Segen und Entlassung
24. Auszug (Lied 24.a / 24.b)

Die nachfolgenden Liedzettel sollte man vorsorglich rechtzeitig vor dem Eintritt eines Notfalls – ggfs. sogar mehrfach – kopieren.

Liedzettel A / Österliche Bußzeit

| | | |
|---|---|---|
| **1** | **Einzug** | GL 266, 1+2* |
| 2 | Kreuzzeichen und liturgische Begrüßung | |
| 3 | Allgemeines Schuldbekenntnis und Vergebungsbitte | |
| **4** | **Kyrie** | GL 163, 4 |
| **5** | **Gloria** *(nur an Hochfesten und Festen)* | *(ggfs. GL 167)* |
| 6 | Eröffnungsgebet | |
| 7 | Erste Lesung | |
| **8** | **Antwortpsalm** | *vom Tag* |
| 9 | Zweite Lesung | |
| **10** | **Ruf vor dem Evangelium (Tractus)** | GL 560 *mit Vers vom Tag* |
| 11 | Evangelium | |
| **12** | **Credo** *(an Sonntagen und Hochfesten)* | GL 3, 4 |
| 13 | Fürbitten | |
| **14** | **Dank für das Wort Gottes** | GL 268, 1+4+5 |
| [15] | Einleitung der Kommunionfeier | |
| **[16]** | **Übertragung des Allerheiligsten und Aussetzung** | GL 280, 3+4 |
| [17] | Anbetung | |
| 18 | Vaterunser | |
| 19 | Friedensgruß | |
| [20] | Kommunionausteilung | *Orgelspiel / Stille* |
| **[21]** | **Danksagung** | GL 210, 1–4 |
| [22] | Abschlussgebet | |
| 23 | Segen und Entlassung | |
| **24** | **Auszug** | GL 266, 5+6 |

* *an Palmsonntag: GL 280, 1–4*

Aus: Heribert Blum / Oliver Preisner, Wort-Gottes-Feiern. Vorbereitete Sonntagsgottesdienste, wenn der Priester unerwartet nicht da ist, Schwabenverlag

| | | |
|---|---|---|
| **1** | **Einzug** | GL 273, 1–4* |
| 2 | Kreuzzeichen und liturgische Begrüßung | |
| 3 | Allgemeines Schuldbekenntnis und Vergebungsbitte | |
| **4** | **Kyrie** | GL 153 |
| **5** | **Gloria** *(nur an Hochfesten und Festen)* | *(ggfs. GL 172)* |
| 6 | Eröffnungsgebet | |
| 7 | Erste Lesung | |
| **8** | **Antwortpsalm** | GL 639, 1+2 (Verse 1+2, 11–14) |
| 9 | Zweite Lesung | |
| **10** | **Ruf vor dem Evangelium (Tractus)** | GL 584, 9 *mit Vers vom Tag* |
| 11 | Evangelium | |
| **12** | **Credo** *(an Sonntagen und Hochfesten)* | GL 177 |
| 13 | Fürbitten | |
| **14** | **Dank für das Wort Gottes** | GL 267, 2 |
| [15] | Einleitung der Kommunionfeier | |
| **[16]** | **Übertragung des Allerheiligsten und Aussetzung** | GL 213, 1+4 |
| [17] | Anbetung | |
| 18 | Vaterunser | |
| 19 | Friedensgruß | |
| [20] | Kommunionausteilung | *Orgelspiel / Stille* |
| **[21]** | **Danksagung** | GL 216, 1–3 |
| [22] | Abschlussgebet | |
| 23 | Segen und Entlassung | |
| **24** | **Auszug** | GL 272, 1–3 |

** an Palmsonntag: GL 280, 1–4*

Aus: Heribert Blum / Oliver Preisner, Wort-Gottes-Feiern. Vorbereitete Sonntagsgottesdienste, wenn der Priester unerwartet nicht da ist, Schwabenverlag

Blanko-Liedzettel / Österliche Bußzeit

| | | |
|---|---|---|
| **1** | **Einzug** | |
| 2 | Kreuzzeichen und liturgische Begrüßung | |
| 3 | Allgemeines Schuldbekenntnis und Vergebungsbitte | |
| **4** | **Kyrie** | |
| **5** | **Gloria** *(nur an Hochfesten und Festen)* | |
| 6 | Eröffnungsgebet | |
| 7 | Erste Lesung | |
| **8** | **Antwortpsalm** | |
| 9 | Zweite Lesung | |
| **10** | **Ruf vor dem Evangelium (Tractus)** | |
| 11 | Evangelium | |
| **12** | **Credo** *(an Sonntagen und Hochfesten)* | |
| 13 | Fürbitten | |
| **14** | **Dank für das Wort Gottes** | |
| [15] | Einleitung der Kommunionfeier | |
| **[16]** | **Übertragung des Allerheiligsten und Aussetzung** | |
| [17] | Anbetung | |
| 18 | Vaterunser | |
| 19 | Friedensgruß | |
| [20] | Kommunionausteilung | *Orgelspiel / Stille* |
| **[21]** | **Danksagung** | |
| [22] | Abschlussgebet | |
| 23 | Segen und Entlassung | |
| **24** | **Auszug** | |

Aus: Heribert Blum / Oliver Preisner, Wort-Gottes-Feiern. Vorbereitete Sonntagsgottesdienste, wenn der Priester unerwartet nicht da ist, Schwabenverlag

# Die Wort-Gottes-Feier in der Österlichen Bußzeit (Fastenzeit)

## 1. Einzug

Vor dem Auszug aus der Sakristei (hierbei bekreuzigen sich der/die LeiterIn der Wort-Gottes-Feier[1] und die anderen liturgischen Dienste):

Lt.: **Unsere Hilfe ist im Namen des Herrn.**
A.: **Der Himmel und Erde erschaffen hat.**

Beim Einzug wird von einem/einer MessdienerIn oder von einem/einer LektorIn das Evangeliar – wenn vorhanden – getragen und dann auf den Altar oder an der hierfür vorgesehenen Stelle abgelegt. Während des Einzugs wird der Gesang zur Eröffnung gesungen. Hierbei kann – wie bei jedem Gesang während der Wort-Gottes-Feier – alternativ zu den hier angegebenen Liedern ein von dem/der KirchenmusikerIn ausgewähltes Lied gesungen werden.

Oder:
1.a GL 266, 1.+2. Str. „Bekehre uns, vergib die Sünde"

Oder:
1.b GL 273, 1.–4. Str. „O Herr, nimm unsre Schuld"

Am Palmsonntag:
GL 280, 1.–4. Str. „Singt dem König Freudenpsalmen"

Die liturgische Gruppe (Leiterin/Leiter, MessdienerInnen etc.) verehrt den Altar (Verneigung bzw. Kniebeuge, falls sich der Tabernakel im Altarraum befindet) und geht zu den Sitzplätzen.

---

[1] Folgende Abkürzungen werden verwendet: *Lt.* = LeiterIn, *L.* = LektorIn, *Ko.* = KommunionhelferIn, *A.* = Alle.

## Kreuzzeichen und liturgische Begrüßung 2.

Alle stehen und machen das Kreuzzeichen. Der/die LeiterIn spricht vom Sitz aus (fehlt dort ein Mikrofon, dann notfalls am Ambo):

**Lt.:** **Im Namen des Vaters und des Sohnes und des Heiligen Geistes.**
**A.:** **Amen.**

**Lt.:** **Jesus Christus ist in unserer Mitte**
**und schenkt uns seinen Frieden**
**heute und in Ewigkeit.**
**A.:** **Amen.**

Ggfs. „bürgerliche Begrüßung" durch den/die LeiterIn der Wort-Gottes-Feier (kann aber auch entfallen).
Spätestens an dieser Stelle: Information an die Gemeinde, dass heute statt der Messfeier eine Wort-Gottes-Feier gehalten wird (mit möglichst allgemein gehaltener Begründung).

## Allgemeines Schuldbekenntnis und Vergebungsbitte 3.

**Lt.:** **Brüder und Schwestern,**
**bevor wir das Wort Gottes hören**
**und die Gegenwart Jesu Christi im Wort feiern,**
**wollen wir uns besinnen**
**und Gott um Vergebung unserer Sünden bitten.**
**Wir sprechen das Schuldbekenntnis:**
**A.:** **Ich bekenne Gott, dem Allmächtigen,**
**und allen Brüdern und Schwestern,** →

dass ich Gutes unterlassen
und Böses getan habe
- ich habe gesündigt
in Gedanken, Worten und Werken -
durch meine Schuld, durch meine Schuld,
durch meine große Schuld.
Darum bitte ich die selige Jungfrau Maria,
alle Engel und Heiligen
und euch, Brüder und Schwestern,
für mich zu beten bei Gott, unserem Herrn.

Der/die LeiterIn spricht die Vergebungsbitte:

Lt.: Der allmächtige Gott erbarme sich unser.
Er lasse uns die Sünden nach
und führe uns zum ewigen Leben.
A.: Amen.

## 4. Kyrie

4.a GL 163, 4 (KirchenmusikerIn / Alle – singen)

Oder:
4.b GL 153 (KirchenmusikerIn / Alle – singen)

Oder: (gesprochen)

| | | Oder: |
|---|---|---|
| Lt.: | Kyrie, eleison. | Herr, erbarme dich (unser). |
| A.: | Kyrie, eleison. | Herr, erbarme dich (unser). |

Lt.: **Christe, eleison. | Christus, erbarme dich (unser).**
A.: **Christe, eleison. | Christus, erbarme dich (unser).**

Lt.: **Kyrie, eleison. | Herr, erbarme dich (unser).**
A.: **Kyrie, eleison. | Herr, erbarme dich (unser).**

## Gloria (in der Österlichen Bußzeit nur an Hochfesten und Festen) 5.

Am *Gründonnerstag* wird das Gloria in besonders feierlicher Form gebetet, vielfach begleitet vom Klang der Kirchenglocken und der Schellen der MessdienerInnen. Danach schweigen nach einem alten Brauch die Glocken und die Schellen bis zum Gloria in der Osternacht.

## Eröffnungsgebet 6.

Lt.: **Lasset uns beten.** – Kurze Stille –

Man kann in aller Regel das Tagesgebet vom Tage aus dem Messbuch bzw. dem Schott nehmen. Im Einzelfall ist zu prüfen, ob es für die Wort-Gottes-Feier geeignet ist. In seltenen Fällen kann man es nicht verwenden, weil es im Einzelfall auf die Eucharistiefeier abgestimmt ist.
Ansonsten:

6.1 Lt.: Heiliger Gott, du liebst die Unschuld
und schenkst sie dem Sünder immer wieder zurück,
wenn er reumütig zu dir umkehrt.
Wende unser Herz dir zu
und schenke uns neuen Eifer im Guten.
Darum bitten wir durch Jesus Christus,
deinen Sohn, unseren Herrn und Gott,
der in der Einheit des Heiligen Geistes
mit dir lebt und herrscht in alle Ewigkeit.

A.: Amen.

Oder:

6.2 Lt.: Guter Gott,
du bist den Menschen nahe,
noch bevor sie sich zu dir aufmachen.
Sieh uns, deine Gemeinde, die auf dich schaut.
Sieh unsere Sehnsucht nach Glück,
unseren Willen zum Guten.
Erbarme dich unserer Armut und Leere.
Fülle sie mit deinem Leben,
mit deinem Glück, mit deiner Liebe.
Darum bitten wir durch Jesus Christus,
deinen Sohn, unseren Herrn und Gott,
der in der Einheit des Heiligen Geistes
mit dir lebt und herrscht in alle Ewigkeit.

A.: Amen.

## Erste Lesung 7.

Der/die LektorIn geht zum Ambo und trägt die erste Lesung vom Tage (siehe Lektionar) vor.

## Antwortpsalm 8.

In Absprache mit dem/der KirchenmusikerIn sollte man den im Lektionar nach der ersten Lesung vorgesehenen Antwortpsalm mit dem 8.a
entsprechenden Liedruf (Kehrvers) singen oder im Wechsel beten. Im Ausnahmefall darf der Antwortpsalm durch einen anderen dazu geeigneten Gesang (z. B. ein Psalmlied) ersetzt werden.

Oder:
Psalm 51 (GL 639, 1+2) (KirchenmusikerIn / Alle – singen) 8.b

Kehrvers: GL 639, 1 („Erbarme dich meiner, o Gott")
Verse: GL 639, 2: Verse 1+2, 11–14

Der Kehrvers wird nach jedem Psalmvers von allen wiederholt.

An Sonntagen und Hochfesten folgt die zweite Lesung. Wenn mehrere LektorInnen anwesend sind, sollte die zweite Lesung von einem/einer weiteren LektorIn vorgetragen werden.

## Zweite Lesung 9.

Der/die LektorIn geht zum Ambo und trägt die zweite Lesung vom Tage (siehe Lektionar) vor.

## 10. Ruf vor dem Evangelium

10.a GL 560

Oder:

10.b GL 584, 9

Der dazugehörige Vers sollte der Messe vom Tage aus dem Lektionar entnommen werden.

## 11. Evangelium

Der/die LeiterIn (bzw. LektorIn) geht zum Ambo und verkündet das Evangelium vom Tage (siehe Lektionar bzw. Evangeliar).
MessdienerInnen können die Evangelienprozession mit Leuchtern begleiten. Ggfs. kann das Lektionar/Evangeliar auch mit Weihrauch verehrt werden.
Bei der Einleitung zum Evangelium entfällt der Zuruf: „Der Herr sei mit euch", falls ein Laie das Evangelium vorträgt. Er/sie beginnt sofort mit:

Lt.: **Aus dem heiligen Evangelium nach N.**
A.: **Ehre sei dir, o Herr.**

Wird Weihrauch verwendet, so inzensiert der/die LeiterIn (bzw. LektorIn) zunächst das Buch; dann verkündet er/sie das Evangelium.
Nach dem Evangelium fügt der/die LeiterIn folgende Schlussformel an:

Lt.: **Evangelium unseres Herrn Jesus Christus.**

Oder:

Lt.: **Frohe Botschaft unseres Herrn Jesus Christus.**
A.: **Lob sei dir, Christus.**

Zur Verehrung des Wortes Gottes küsst der/die LeiterIn (bzw. LektorIn) das Lektionar bzw. das Evangeliar.

Soweit keine Lesepredigt oder ein entsprechender Meditationstext vorliegt, wird empfohlen, nach der Verkündigung des Evangeliums eine Stille zu halten und die Gläubigen zum Nachdenken über die gehörten Texte einzuladen, z. B.:

Lt.: **Wir haben das Wort Gottes in der/den Lesung(en) und im Evangelium gehört. Wir wollen dieses Wort in einigen Momenten der Stille bedenken.**

An Sonntagen, an Hochfesten und bei anderen festlichen Gottesdiensten folgt das Credo (Glaubensbekenntnis):

## Credo 12.

Es wird das Apostolische Glaubensbekenntnis gesprochen (GL 3, 4). 12.a

Lt.: **Wir sprechen das Apostolische Glaubensbekenntnis.**

A.: **Ich glaube an Gott,
den Vater, den Allmächtigen,
den Schöpfer des Himmels und der Erde,
und an Jesus Christus,
seinen eingeborenen Sohn, unsern Herrn,
empfangen durch den Heiligen Geist,
geboren von der Jungfrau Maria,
gelitten unter Pontius Pilatus,
gekreuzigt, gestorben und begraben,
hinabgestiegen in das Reich des Todes,** →

am dritten Tage auferstanden von den Toten,
aufgefahren in den Himmel;
er sitzt zur Rechten Gottes,
des allmächtigen Vaters;
von dort wird er kommen,
zu richten die Lebenden und die Toten.
Ich glaube an den Heiligen Geist,
die heilige katholische Kirche,
Gemeinschaft der Heiligen,
Vergebung der Sünden,
Auferstehung der Toten
und das ewige Leben. Amen.

Oder:

12.b GL 177 „Credo in unum Deum“

## Fürbitten 13.

(aus einem Fürbittbuch aus der Sakristei oder eines der folgenden Formulare:)
Die nachfolgenden Rufe „Gott, unser Vater: Wir bitten dich, erhöre uns" können auch jeweils gesungen werden.

Lt.: In dieser Zeit der Buße und Umkehr wollen wir beten zu Gott, unserem Vater, dem Schöpfer des Himmels und der Erde, der unser Leben in seinen Händen hält: 13.1

L.: Wir wollen beten für alle, die an Christus glauben, besonders aber für alle, die wegen ihres Glaubens Bedrohung und Verfolgung erfahren. – Gott, unser Vater:
A.: Wir bitten dich, erhöre uns.

L.: Für alle, die sich schwertun mit der Umkehr zu dir, und für die, die deinem Ruf nach Umkehr kein Gehör schenken. – Gott, unser Vater:
A.: Wir bitten dich, erhöre uns.

L.: Für alle Menschen, die sich in schwere Schuld verstrickt haben, aber auch für uns selbst in unseren Fehlern und unserem Scheitern. – Gott, unser Vater:
A.: Wir bitten dich, erhöre uns. →

L.: Für alle Menschen, die gestorben sind in der Hoffnung, dass sie über den Tod hinaus leben. Trockne alle Tränen und führe sie in das Land der Verheißung, des Lichtes und Friedens. – Gott, unser Vater:
A.: Wir bitten dich, erhöre uns.

Ggfs. kann man noch als Fürbitte einfügen (z. B. Messintentionen):

L.: Wir beten heute besonders für … – Gott, unser Vater:
A.: Wir bitten dich, erhöre uns.

L.: Für alle, die spüren, dass sie gerufen sind, einen besonderen Weg zu dir und zu den Menschen zu gehen. – Gott, unser Vater:
A.: Wir bitten dich, erhöre uns.

Lt.: Guter Gott, du kennst uns, unsere Sorgen und Bitten. Hilf uns in diesen Tagen der Buße und der Umkehr auf dem Weg zu dir, dem Ziel unseres Lebens, heute und alle Tage bis in Ewigkeit.
A.: Amen.

Oder:

13.2 Lt.: Gott hat uns aus Erbarmen und Liebe durch seinen Sohn Jesus Christus gerettet. Voll Vertrauen wollen wir deshalb als seine Kinder Fürbitte halten in den Sorgen und Nöten dieser Welt:

L.: Für alle Seelsorger, insbesondere für die Beichtväter, und für alle, die Gottes Liebe und sein Erbarmen vermitteln. – Gott, unser Vater:
A.: Wir bitten dich, erhöre uns.

L.: Für alle Menschen, die ausgeschlossen sind, die sich aber nach der Wiederaufnahme in die Gemeinschaft sehnen. – Gott, unser Vater:
A.: Wir bitten dich, erhöre uns.

L.: Für alle, die schwere Schuld auf sich geladen haben und sich schwertun, um Vergebung zu bitten. – Gott, unser Vater:
A.: Wir bitten dich, erhöre uns.

L.: Für alle, die ihre Heimat verloren haben und dadurch entwurzelt sind. – Gott, unser Vater:
A.: Wir bitten dich, erhöre uns.

L.: Für die Verstorbenen, die im Vertrauen auf die Auferstehung ihr Leben nach dir ausgerichtet haben.– Gott, unser Vater:
A.: Wir bitten dich, erhöre uns.

Ggfs. kann man noch als Fürbitte einfügen (z. B. Messintentionen aufgreifen):

L.: Wir beten heute besonders für ... – Gott, unser Vater:
A.: Wir bitten dich, erhöre uns.

→

L.: Für alle, die ahnen, von dir besonders berufen zu sein: dass sie mit deinem Geist die Kraft finden, sich ganz in deinen Dienst zu stellen. - Gott, unser Vater:

A.: Wir bitten dich, erhöre uns.

Lt.: Gütiger Gott, du hast deinen einzigen Sohn in unsere Welt gesandt, um uns und die Welt zu retten. Erhöre unsere Bitten und führe uns als deine geliebten Kinder in deine ewige Herrlichkeit. Darum bitten wir durch Christus, unseren Herrn.

A.: Amen.

## 14. Dank für das Wort Gottes

Als Dank für das Wort Gottes wird ein geeignetes Lied gesungen. Falls es als angebracht erachtet wird, kann an dieser Stelle eine Kollekte durchgeführt werden. Es wird jedoch empfohlen, sie als Türkollekte am Ende der Wort-Gottes-Feier anzukündigen und durchzuführen.

14.a GL 268, 1.+4.+5. Str. „Erbarme dich, erbarm dich mein"

Oder:

14.b GL 267, 2. Str. „So lasst uns nun ihm dankbar sein"

Falls *keine* Kommunionfeier stattfinden soll, entfallen die folgenden Ziffern [15] bis [17], [20] und [22]. In diesem Falle fährt man mit Ziffer 18 (Vaterunser) und Ziffer 19 (Friedensgruß) fort.

Falls die Kommunion ausgeteilt werden soll:

## Einleitung der Kommunionfeier [15.]

Sofern eine Person, die keine bischöfliche Beauftragung zum Austeilen der Kommunion besitzt, die Leitung der Wort-Gottes-Feier innehat, sollte den Kommunionteil ein/e KommunionhelferIn übernehmen. Er/sie tritt jetzt an den Altartisch. Soweit sich weitere KommunionhelferInnen noch in den Bänken aufhalten und für das Austeilen benötigt werden, sollten auch sie jetzt zum Altar kommen. Der/die KommunionhelferIn leitet in die Kommunionfeier über und stellt hierbei eine Verbindung zur Eucharistiefeier her, in der die Hostien, die jetzt ausgeteilt werden sollen, konsekriert worden sind. Das kann mit den folgenden Worten geschehen:

Ko.: **Wir haben das Wort Gottes gehört. In den Worten der Heiligen Schrift ist Jesus Christus unter uns gegenwärtig.**
**In der Wort-Gottes-Feier werden im Gegensatz zur Eucharistiefeier keine Gaben in seinen Leib und sein Blut verwandelt. Die heilige Kommunion bleibt die Frucht der Eucharistiefeier. Wenn wir also jetzt seinen Leib empfangen, verbindet uns das mit der Eucharistiefeier, die wir am vergangenen Wochenende** (ggfs. einen anderen Termin angeben) **hier** (ggfs. einen anderen Ort einfügen, z. B. in der Kirche St. …) **zuletzt gefeiert haben. Nach unserem katholischen Glaubensverständnis ist die bleibende Gegenwart des Herrn im eucharistischen Brot für uns ein kostbares Gut, das den Glauben nährt, die Hoffnung stärkt und die Gemeinschaft mit unserem Herrn Jesus Christus festigt.**

## [16.] Übertragung des Allerheiligsten

Der/die KommunionhelferIn breitet das (ggfs. von einem/einer MessdienerIn herbeigebrachte) Korporale auf dem Altar aus. Danach holt er/sie oder währenddessen ein/e andere/r KommunionhelferIn das Allerheiligste aus dem Tabernakel und stellt das Ziborium auf den Altar. Dabei kann das Allerheiligste von MinistrantInnen mit Leuchtern begleitet werden.
Dazu wird ein Sakramentslied gesungen:

[16.a] GL 280, 3.+4. Str. „Sieh, Jerusalem, dein König"

Oder:

[16.b] GL 213, 1.+4. Str. „O heilge Seelenspeise"

## [17.] Anbetung

Sofern es insbesondere aus gesundheitlichen Gründen möglich ist, sollten sich alle anwesenden liturgischen Dienste vor dem Altar auf die Stufe knien und eine Weile mit der Gemeinde in stillem Gebet vor dem Allerheiligsten verharren.
Ggfs. kann eine kurze eucharistische Anbetung erfolgen, z.B. GL 674, 2 oder 675, 6 oder 675, 8 oder 676, 1.
Danach versammeln sich die KommunionhelferInnen und ggfs. die übrigen liturgischen Dienste hinter dem Altar.

## 18. Vaterunser

Ko. bzw. Lt.: **Lasset uns beten,**
**wie der Herr uns zu beten gelehrt hat:**

A.: **Vater unser im Himmel,**
**geheiligt werde dein Name.**

Dein Reich komme.
Dein Wille geschehe,
wie im Himmel so auf Erden.
Unser tägliches Brot gib uns heute.
Und vergib uns unsere Schuld,
wie auch wir vergeben unsern Schuldigern.
Und führe uns nicht in Versuchung,
sondern erlöse uns von dem Bösen.
Denn dein ist das Reich
und die Kraft und die Herrlichkeit
in Ewigkeit.
Amen.

## Friedensgruß 19.

Ko. bzw. Lt.: Christus ist unser Friede und unsere Versöhnung.
Deshalb bitten wir:
Herr Jesus Christus,
schau nicht auf unsere Sünden,
sondern auf den Glauben deiner Kirche
und schenke ihr nach deinem Willen
Einheit und Frieden.
Geben wir einander ein Zeichen des Friedens
und der Versöhnung.

Falls keine Kommunion ausgeteilt wird, weiter mit dem Segen unter Ziffer 23.

## [20.] Kommunionausteilung

Der/die KommunionhelferIn macht eine Kniebeuge vor dem Allerheiligsten, öffnet das Ziborium, entnimmt eine Hostie, hebt diese über dem Ziborium hoch und spricht:

**Ko.:** Seht das Lamm Gottes,
das hinwegnimmt die Sünde der Welt.
**A.:** Herr, ich bin nicht würdig,
dass du eingehst unter mein Dach,
aber sprich nur ein Wort,
so wird meine Seele gesund.

Der/die KommunionhelferIn kann hinzufügen:

**Ko.:** Selig, die zum Hochzeitsmahl des Lammes geladen sind.

Oder:

**Ko.:** Kostet und seht, wie gut der Herr ist.

Oder:

**Ko.:** Wer von diesem Brot isst, wird in Ewigkeit leben.

Oder den Kommunionvers der Tagesmesse aus dem Messbuch.

Danach folgt das Austeilen der Kommunion in der üblichen Form. Zuerst kommunizieren der oder die KommunionhelferInnen und die anderen liturgischen Dienste, dann die Gemeinde.
Falls absehbar ist, dass die vorhandenen Hostien nicht für alle reichen, sollten die Hostien bereits jetzt am Altar geteilt werden.

## Zur Austeilung Orgelspiel oder Stille

Im Anschluss wird das Allerheiligste zurück zum Tabernakel gebracht. Dabei kann das Allerheiligste von MessdienerInnen mit Leuchtern begleitet werden.
Es folgt eine Stille zum persönlichen Dankgebet.

## Danksagung [21.]

GL 210, 1.–4. Str. „Das Weizenkorn muss sterben“ [21.a]

Oder:
GL 216, 1.–3. Str. „Im Frieden dein, o Herre mein“ [21.b]

## Abschlussgebet [22.]

Das Abschlussgebet erfolgt vom Sitz aus. Sofern dort kein Mikrofon vorhanden ist, kann es notfalls auch vom Ambo aus erfolgen.
Wenn die heilige Kommunion ausgeteilt worden ist, kann man in der Regel das Schlussgebet vom Tage aus dem Messbuch oder dem Schott nehmen. Man sollte jedoch prüfen, ob es auch für die alleinige Austeilung des konsekrierten Brotes (ohne Wein) geeignet ist. Ansonsten:

Lt.: **Lasset uns beten.** – ggfs. kurze Stille – [22.1]
**Du Gott in unserer Mitte.**
**Dank sei dir für deine Gegenwart,**
**für dein Wort und deine Zusage an uns,**
**deine Gemeinde.**
**Wir bitten dich:** →

Sei mit uns auf allen unseren Wegen.
Lass uns im Alltag stets von dir
durch unser Leben und unser Handeln Zeugnis geben.
Sei du unsere Hoffnung,
wenn unser Leben in Schwierigkeiten gerät.
Du bist der treue Gott, den wir anrufen.
Darum bitten wir durch Christus, unseren Herrn.

A. Amen.

Oder:

[22.2] Lt.: Lasset uns beten. – ggfs. kurze Stille –
Allmächtiger Gott,
du Hilfe aller, die auf dich vertrauen.
Behüte uns,
die wir uns in deinem Namen versammelt haben.
Begleite uns auf allen unseren Wegen
und stehe uns bei,
wenn die Last des Alltags uns niederdrückt
und wenn wir der Verzweiflung nahe sind.
Sei du uns Hoffnung und Zuversicht.
Darum bitten wir durch Christus, unseren Herrn.

A.: Amen.

## Segen und Entlassung 23.

Der Segen entfällt an Gründonnerstag. Stattdessen wird an diesem Tag das Allerheiligste in Prozession an einen dafür bestimmten Ort zur stillen Anbetung übertragen.
Segen und Entlassung erfolgen vom Sitz aus. Sofern dort kein Mikrofon vorhanden ist, können sie notfalls auch vom Ambo aus erfolgen.

**Lt.: Der Segen des allmächtigen Gottes,**

(alle bekreuzigen sich)

**des Vaters und des Sohnes und des Heiligen Geistes,**
**komme auf uns herab und bleibe bei uns allezeit.**

**A.: Amen.**

Falls nach den Fürbitten keine Kollekte abgehalten worden ist, kann diese als Türkollekte nach dem Auszug erfolgen. Die Türkollekte (und ggfs. ihr Verwendungszweck) wäre an dieser Stelle anzukündigen, z. B.:

**Lt.: Die Kollekte, die wir heute als Türkollekte am Ende der Wort-Gottes-Feier durchführen, ist für ...** (Verwendungszweck ergänzen)**; bestimmt. Wir danken Ihnen für das, was Sie geben können.**

Oder (ohne Verwendungszweck):

**Lt.: Die Kollekte wird heute als Türkollekte am Ende der Wort-Gottes-Feier durchgeführt. Wir bedanken uns für das, was Sie geben können.**

Es folgt der Entlassungsruf (entfällt an Gründonnerstag):

Lt.: **Gehet hin in Frieden.**
A.: **Dank sei Gott, dem Herrn.**

Oder:

Lt.: **Singet Lob und Preis.**
A.: **Dank sei Gott, dem Herrn.**

Sofern der/die LeiterIn der Wort-Gottes-Feier es für angebracht hält, kann noch eine „bürgerliche Verabschiedung“ erfolgen, z. B.:

Lt.: **Wir wünschen Ihnen einen schönen und gesegneten Sonntag (Feiertag).**

## 24. Auszug und ggfs. Schlusslied

Der/die LeiterIn und die weiteren liturgischen Dienste versammeln sich vor dem Altar, verehren ihn durch eine Verneigung oder eine Kniebeuge und kehren in die Sakristei zurück.
Da Jesus Christus in seinem Wort weiterhin in der Gemeinde gegenwärtig sein will, wird das Evangeliar beim Auszug nicht mitgenommen.
Während des Auszugs (außer am Gründonnerstag) kann, wo es üblich ist, ein Lied gesungen werden:

24.a GL 266, 5.+6. Str. „Herr, nimm von mir nicht deinen Geist“

Oder:

24.b GL 272, 1.–3. Str. „Zeige uns, Herr, deine Allmacht und Güte“

## Besonderheiten bei verschiedenen Gottesdiensten an Aschermittwoch und in der Karwoche

An Aschermittwoch dürfen Laien prinzipiell die Asche segnen und austeilen. Jedoch gibt es unterschiedliche Regelungen in den verschiedenen Diözesen. Teilweise ist nur das Austeilen erlaubt, anderenorts auch die Segnung der Asche. In manchen Bistümern bedarf es für beides einer ausdrücklichen Beauftragung durch den Bischof. Das Allgemeine Schuldbekenntnis entfällt. Nach dem Einzugslied und der Eröffnung folgen Kyrie und Eröffnungsgebet. Die Asche ist nach dem Evangelium bzw. nach der Ansprache zu segnen und auszuteilen. Die entsprechenden Segensgebete sind im Messbuch bzw. im Schott enthalten. Bei den Segensgebeten werden Laien ausdrückliche Segensgebärden (Ausbreiten der Hände) unterlassen. Das Besprengen der Asche mit Weihwasser ist Laien jedoch gestattet. Beim Austeilen der Asche sind folgende Worte zu sprechen:

**Bekehrt euch und glaubt an das Evangelium.**

Oder:

**Bedenke, Mensch, dass du Staub bist
und wieder zum Staub zurückkehren wirst.**

Nach der Austeilung der Asche folgen die Fürbitten.

Der erste Gottesdienst in der Karwoche am Palmsonntag beginnt mit der Feier des Einzugs Christi in Jerusalem – meist an einem Ort außerhalb der Kirche –, die die Elemente der Palmweihe, die Verkündigung des Evangeliums und abschließend die Palmprozession beinhaltet. Die Texte sind im Messbuch und im Schott enthalten. Ob beim Fehlen eines Priesters oder Diakons ein Laie die Segnung der Palmzweige, die ausdrücklich im Messbuch, dem Rollenbuch des Priesters, geregelt ist, vornehmen darf, ist umstritten. Zumindest ist grundsätzlich eine bischöfliche Beauftragung erforderlich. Am Palmsonntag kann ein beauftragter Laie, der in Abwesenheit des Priesters eine Wort-Gottes-Feier hält, diese mit der „Feier des Einzugs

Christi in Jerusalem“ eröffnen. Er richtet sich dabei nach einer der drei im Messbuch vorgesehenen Formen (Prozession, Feierlicher Einzug, Einfacher Einzug). Nach dem Gebet zur Segnung der Zweige besprengt er diese mit Weihwasser. Wenn ein Laie die Prozession führt, entfallen Altarkuss und Altarinzens.
Falls Bedenken bestehen, sollte der erste Teil des Gottesdienstes entfallen und man sollte gleich mit der Wort-Gottes-Feier in der üblichen Form (Modell für die Österliche Bußzeit) beginnen. Damit geht dann allerdings leider der Spannungsbogen des Palmsonntags verloren. Der „erste Teil“ steht im Zeichen des Jubels, des Hosiannas, während die anschließende Messfeier von der Passion, der Leidensgeschichte, überschattet wird. Wenn kein Priester oder Diakon zur Verfügung steht, sollte man wenigstens den „zweiten Teil“ mit einer Wort-Gottes-Feier begehen. Sinnvoll ist es aber, das Gedächtnis an den Einzug Jesu in Jerusalem mit dem Einzug der liturgischen Dienste zu verbinden, etwa im Lied GL 280 („Singt dem König Freudenpsalmen“).

Der zweite Gottesdienst in der Karwoche mit Besonderheiten ist die Messe vom Letzten Abendmahl am Gründonnerstag. Eigentlich ist es fast unvorstellbar, diesen Gottesdienst nicht als Feier der Eucharistie zu begehen. Aber wenn unvorhergesehenerweise kein Priester dieser Messe vorstehen kann, sollte in dieser Notsituation wenigstens eine Wort-Gottes-Feier stattfinden. Grundsätzlich kann dafür das vorstehende Modell für die Österliche Bußzeit verwandt werden. Sofern in dieser Wort-Gottes-Feier die Kommunion ausgeteilt wird, können auch das Tagesgebet und das Schlussgebet dieser Messe als Eröffnungs- und Abschlussgebete genommen werden. Nach der Kommunionausteilung bleibt das mit dem Allerheiligsten gefüllte Hostiengefäß auf dem Altar stehen (es werden keine Hostien zurück in den Tabernakel gebracht, der leer und geöffnet bleibt). Es wird das Abschlussgebet gesprochen und anschließend das Allerheiligste in Prozession an den vorgesehenen Ort zur stillen Anbetung übertragen. Am Aufbewahrungsort sollte die Gemeinde mit den liturgischen Diensten noch einige Zeit im stillen Gebet verharren. Der (Schluss-) Segen entfällt. Nach der Feier wird der Altar komplett abgedeckt.

Am Karfreitag sieht die Liturgie keine Messfeier, sondern die Feier vom Leiden und Sterben Christi vor. Die Feier mit den erforderlichen Anweisungen ist sowohl im Messbuch als auch im Schott enthalten. *Diese Feier darf von einem Laien geleitet werden.* In manchen Bistümern ist dazu allerdings eine besondere Beauftragung durch den Bischof erforderlich.

# Osterzeit

(von Ostersonntag bis Pfingsten)

# Aufbau der Wort-Gottes-Feier in der Osterzeit

1. Einzug (Lied 1.a / 1.b / 1.c)
2. Kreuzzeichen und liturgische Begrüßung
3. Allgemeines Schuldbekenntnis und Vergebungsbitte
4. Kyrie (4.a / 4.b / 4.c)
5. Gloria *(nur an Sonntagen, Hochfesten, Festen sowie in der Woche nach Ostersonntag)* *(5.a / 5.b / 5.c)*
6. Eröffnungsgebet (ggfs. 6.1 / 6.2)
7. Erste Lesung
8. Antwortpsalm 8.a / 8.b / 8.c
9. Zweite Lesung
10. Ruf vor dem Evangelium (Halleluja) 10.abc
11. Evangelium
12. Credo sprechen (12.a) oder Lied 12.b / 12.c *(an Sonntagen und Hochfesten, nicht am Pfingstmontag)*
13. Fürbitten
14. Dank für das Wort Gottes (Lied 14.a / 14.b / 14.c)

[15.] Einleitung der Kommunionfeier

[16.] Übertragung des Allerheiligsten und Aussetzung (Lied 16.a / 16.b / 16.c)

[17.] Anbetung
18. Vaterunser
19. Friedensgruß
[20.] Kommunionausteilung (Orgelspiel)
[21.] Danksagung (Lied 21.a / 21.b / 21.c)
[22.] Abschlussgebet (ggfs. 22.1 / 22.2)
23. Segen und Entlassung
24. Auszug (Lied 24.a / 24.b / 24.c)

Die nachfolgenden Liedzettel sollte man vorsorglich rechtzeitig vor dem Eintritt eines Notfalls – ggfs. sogar mehrfach – kopieren.

Liedzettel A / Osterzeit

| | | |
|---|---|---|
| **1** | **Einzug** | GL 318* |
| 2 | Kreuzzeichen und liturgische Begrüßung | |
| 3 | Allgemeines Schuldbekenntnis und Vergebungsbitte | |
| **4** | **Kyrie** | GL 163, 5 |
| **5** | **Gloria** *(nur an Sonntagen, Hochfesten und Festen sowie in der Woche nach Ostersonntag)* | GL 170, 1–3 |
| 6 | Eröffnungsgebet | |
| 7 | Erste Lesung | |
| **8** | **Antwortpsalm** | *vom Tag* |
| 9 | Zweite Lesung | |
| **10** | **Ruf vor dem Evangelium** | GL 175, 2 *mit Vers vom Tag* |
| 11 | Evangelium | |
| **12** | **Credo** *(an Sonntagen und Hochfesten)* | GL 3, 4 |
| 13 | Fürbitten | |
| **14** | **Dank für das Wort Gottes** | GL 328, 1–5 |
| [15] | Einleitung der Kommunionfeier | |
| **[16]** | **Übertragung des Allerheiligsten und Aussetzung** | GL 331, 1+4 |
| [17] | Anbetung | |
| 18 | Vaterunser | |
| 19 | Friedensgruß | |
| [20] | Kommunionausteilung | *Orgelspiel* |
| **[21]** | **Danksagung** | GL 337, 1–5 |
| [22] | Abschlussgebet | |
| 23 | Segen und Entlassung | |
| **24** | **Auszug** | GL 525, 1–4 |

* *an Christi Himmelfahrt: GL 319*

Aus: Heribert Blum / Oliver Preisner, Wort-Gottes-Feiern. Vorbereitete Sonntagsgottesdienste, wenn der Priester unerwartet nicht da ist, Schwabenverlag

| | | |
|---|---|---|
| **1** | **Einzug** | GL 329, 1–4* |
| 2 | Kreuzzeichen und liturgische Begrüßung | |
| 3 | Allgemeines Schuldbekenntnis und Vergebungsbitte | |
| **4** | **Kyrie** | GL 151 |
| **5** | **Gloria** *(nur an Sonntagen, Hochfesten und Festen sowie in der Woche nach Ostersonntag)* | GL 169 |
| 6 | Eröffnungsgebet | |
| 7 | Erste Lesung | |
| **8** | **Antwortpsalm** | GL 643, 3+5 (Verse 17+18, 21–24) |
| 9 | Zweite Lesung | |
| **10** | **Ruf vor dem Evangelium** | GL 175, 2 *mit Vers vom Tag* |
| 11 | Evangelium | |
| **12** | **Credo** *(an Sonntagen und Hochfesten)* | GL 180 |
| 13 | Fürbitten | |
| **14** | **Dank für das Wort Gottes** | GL 332, 1–4 |
| [15] | Einleitung der Kommunionfeier | |
| **[16]** | **Übertragung des Allerheiligsten und Aussetzung** | GL 281, 1+3 |
| [17] | Anbetung | |
| 18 | Vaterunser | |
| 19 | Friedensgruß | |
| [20] | Kommunionausteilung | *Orgelspiel* |
| **[21]** | **Danksagung** | GL 326, 2–5 |
| [22] | Abschlussgebet | |
| 23 | Segen und Entlassung | |
| **24** | **Auszug** | GL 324, 2–4 |

* *an Christi Himmelfahrt: GL 339, 1–4*

Aus: Heribert Blum / Oliver Preisner, Wort-Gottes-Feiern. Vorbereitete Sonntagsgottesdienste, wenn der Priester unerwartet nicht da ist, Schwabenverlag

Liedzettel C / Pfingsten

| | | |
|---|---|---|
| **1** | **Einzug** | GL 347, 1–2 |
| 2 | Kreuzzeichen und liturgische Begrüßung | |
| 3 | Allgemeines Schuldbekenntnis und Vergebungsbitte | |
| **4** | **Kyrie** | GL 165 |
| **5** | **Gloria** | GL 170, 1–3 |
| 6 | Eröffnungsgebet | |
| 7 | Erste Lesung | |
| **8** | **Antwortpsalm** | GL 645, 3+4 (Verse 1+2, 5–8) |
| 9 | Zweite Lesung | |
| **10** | **Ruf vor dem Evangelium** | GL 175, 2 *mit Vers vom Tag* |
| 11 | Evangelium | |
| **12** | **Credo** *(nicht am Pfingstmontag)* | GL 355, 1–5 |
| 13 | Fürbitten | |
| **14** | **Dank für das Wort Gottes** | GL 351, 1–4 |
| [15] | Einleitung der Kommunionfeier | |
| **[16]** | **Übertragung des Allerheiligsten und Aussetzung** | GL 331, 1+4 |
| [17] | Anbetung | |
| 18 | Vaterunser | |
| 19 | Friedensgruß | |
| [20] | Kommunionausteilung | *Orgelspiel* |
| **[21]** | **Danksagung** | GL 342, 1–4 |
| [22] | Abschlussgebet | |
| 23 | Segen und Entlassung | |
| **24** | **Auszug** | GL 347, 3–4 |

Aus: Heribert Blum / Oliver Preisner, Wort-Gottes-Feiern. Vorbereitete Sonntagsgottesdienste, wenn der Priester unerwartet nicht da ist, Schwabenverlag

| | | |
|---|---|---|
| **1** | **Einzug** | |
| 2 | Kreuzzeichen und liturgische Begrüßung | |
| 3 | Allgemeines Schuldbekenntnis und Vergebungsbitte | |
| **4** | **Kyrie** | |
| **5** | **Gloria** *(nur an Sonntagen, Hochfesten und Festen sowie in der Woche nach Ostersonntag)* | |
| 6 | Eröffnungsgebet | |
| 7 | Erste Lesung | |
| **8** | **Antwortpsalm** | |
| 9 | Zweite Lesung | |
| **10** | **Ruf vor dem Evangelium** | |
| 11 | Evangelium | |
| **12** | **Credo** *(an Sonntagen und Hochfesten)* | |
| 13 | Fürbitten | |
| **14** | **Dank für das Wort Gottes** | |
| [15] | Einleitung der Kommunionfeier | |
| **[16]** | **Übertragung des Allerheiligsten und Aussetzung** | |
| [17] | Anbetung | |
| 18 | Vaterunser | |
| 19 | Friedensgruß | |
| [20] | Kommunionausteilung | *(Orgelspiel)* |
| **[21]** | **Danksagung** | |
| [22] | Abschlussgebet | |
| 23 | Segen und Entlassung | |
| **24** | **Auszug** | |

Aus: Heribert Blum / Oliver Preisner, Wort-Gottes-Feiern. Vorbereitete Sonntagsgottesdienste, wenn der Priester unerwartet nicht da ist, Schwabenverlag

# Die Wort-Gottes-Feier in der Osterzeit

## Einzug 1.

Vor dem Auszug aus der Sakristei (hierbei bekreuzigen sich der/die LeiterIn der Wort-Gottes-Feier[1] und die anderen liturgischen Dienste):

**Lt.: Unsere Hilfe ist im Namen des Herrn.**
**A.: Der Himmel und Erde erschaffen hat.**

Beim Einzug wird von einem/einer MessdienerIn oder von einem/einer LektorIn das Evangeliar – wenn vorhanden – getragen und dann auf den Altar oder an der hierfür vorgesehenen Stelle abgelegt. Während des Einzugs wird der *Gesang zur Eröffnung* gesungen. Hierbei kann – wie bei jedem Gesang während der Wort-Gottes-Feier – alternativ zu den hier angegebenen Liedern ein von dem/der KirchenmusikerIn ausgewähltes Lied gesungen werden.

Oder:
GL 318, „Christ ist erstanden" 1.a
An Christi Himmelfahrt: GL 319 „Christ fuhr gen Himmel"

Oder:
GL 329, 1.–4. Str. „Das ist der Tag, den Gott gemacht" 1.b
An Christi Himmelfahrt:
GL 339, 1.–4. Str. „Ihr Christen, hoch erfreuet euch"

An Pfingsten:
GL 347, 1.–2. Str. „Der Geist des Herrn erfüllt das All" 1.c

---

[1] Folgende Abkürzungen werden verwendet: *Lt.* = LeiterIn, *L.* = LektorIn, *Ko.* = KommunionhelferIn, *A.* = Alle.

Die liturgische Gruppe (LeiterIn, MessdienerInnen etc.) verehrt den Altar (Verneigung bzw. Kniebeuge, falls sich der Tabernakel im Altarraum befindet) und geht zu den Sitzplätzen.

## 2. Kreuzzeichen und liturgische Begrüßung

Alle stehen und machen das Kreuzzeichen. Der/die LeiterIn spricht vom Sitz aus (fehlt dort ein Mikrofon, dann notfalls am Ambo):

Lt.: **Im Namen des Vaters und des Sohnes und des Heiligen Geistes.**

A.: **Amen.**

Lt.: **Der auferstandene Herr ist in unserer Mitte**
**und schenkt uns seinen Frieden**
**heute und in Ewigkeit.**

A.: **Amen.**

Ggfs. „bürgerliche Begrüßung" durch den/die LeiterIn der Wort-Gottes-Feier (kann aber auch entfallen).
Spätestens an dieser Stelle: Information an die Gemeinde, dass heute statt der Messfeier eine Wort-Gottes-Feier gehalten wird (mit möglichst allgemein gehaltener Begründung).

## Allgemeines Schuldbekenntnis und Vergebungsbitte 3.

Lt.: Brüder und Schwestern,
bevor wir das Wort Gottes hören
und die Gegenwart Jesu Christi im Wort feiern,
wollen wir uns besinnen
und Gott um Vergebung unserer Sünden bitten.
Wir sprechen das Schuldbekenntnis:

A.: Ich bekenne Gott, dem Allmächtigen,
und allen Brüdern und Schwestern,
dass ich Gutes unterlassen
und Böses getan habe
– ich habe gesündigt
in Gedanken, Worten und Werken –
durch meine Schuld, durch meine Schuld,
durch meine große Schuld.
Darum bitte ich die selige Jungfrau Maria,
alle Engel und Heiligen
und euch, Brüder und Schwestern,
für mich zu beten bei Gott, unserem Herrn.

Der/die LeiterIn spricht die Vergebungsbitte:

Lt.: Der Herr erbarme sich unser.
Er nehme von uns Sünde und Schuld,
damit wir mit reinem Herzen
diese Feier begehen.

A.: Amen.

## 4. Kyrie

4.a GL 163, 5 (KirchenmusikerIn / Alle – singen)

Oder:

4.b GL 151 (KirchenmusikerIn / Alle – singen)

An Pfingsten:

4.c GL 165 (KirchenmusikerIn / Alle – singen)

Oder: (gesprochen)

| | | Oder: |
|---|---|---|
| **Lt.:** | **Kyrie, eleison.** | **Herr, erbarme dich (unser).** |
| **A.:** | **Kyrie, eleison.** | **Herr, erbarme dich (unser).** |
| **Lt.:** | **Christe, eleison.** | **Christus, erbarme dich (unser).** |
| **A.:** | **Christe, eleison.** | **Christus, erbarme dich (unser).** |
| **Lt.:** | **Kyrie, eleison.** | **Herr, erbarme dich (unser).** |
| **A.:** | **Kyrie, eleison.** | **Herr, erbarme dich (unser).** |

An Sonntagen, Hochfesten und Festen sowie zwischen dem Ostersonntag und dem 2. Sonntag der Osterzeit wird das Gloria gebetet bzw. gesungen:

## 5. Gloria

5.a+c GL 170, 1.–3. Str. „Allein Gott in der Höh sei Ehr"

Oder:

5.b GL 169 „Gloria, Ehre sei Gott"

## Eröffnungsgebet 6.

Lt.: **Lasset uns beten.** – Kurze Stille –

Man kann in aller Regel (insbesondere am Pfingstfest) das Tagesgebet vom Tage aus dem Messbuch bzw. dem Schott nehmen. Im Einzelfall ist zu prüfen, ob es für die Wort-Gottes-Feier geeignet ist. In seltenen Fällen kann man es nicht verwenden, weil es auf die Eucharistiefeier abgestimmt ist.
Ansonsten:

Lt.: Allmächtiger Gott, 6.1
du hast die Menschen
durch den Tod und die Auferstehung deines
Sohnes von der Macht der Sünde befreit.
Blicke in deiner Güte auf uns
und bleibe bei uns mit deiner überreichen
Gnade,
bis wir mit verklärtem Leib
zum unvergänglichen Leben auferstehen.
Darum bitten wir durch ihn, Jesus Christus,
deinen Sohn, unseren Herrn und Gott,
der in der Einheit des Heiligen Geistes
mit dir lebt und herrscht in alle Ewigkeit.
A.: Amen.

Oder:

6.2 Lt.: Gott des Lebens,
durch die Auferstehung deines Sohnes zeigst du den Menschen:
Der Tod ist überwunden,
der Weg zu dir steht offen,
unser Leben ist unvergänglich.
Hilf uns,
in dieser Gewissheit unser Leben anzunehmen
und daraus zu machen, was du von uns erwartest.
Darum bitten wir durch ihn, Jesus Christus,
deinen Sohn, unseren Herrn und Gott,
der in der Einheit des Heiligen Geistes
mit dir lebt und herrscht in alle Ewigkeit.

A.: Amen.

## 7. Erste Lesung

Der/die LektorIn geht zum Ambo und trägt die erste Lesung vom Tage (siehe Lektionar) vor.

## 8. Antwortpsalm

In Absprache mit dem/der KirchenmusikerIn sollte man den im Lek-
8.a tionar nach der ersten Lesung vorgesehenen Antwortpsalm mit dem entsprechenden Liedruf (Kehrvers) singen oder im Wechsel beten. Im Ausnahmefall darf der Antwortpsalm durch einen anderen dazu geeigneten Gesang (z. B. ein Psalmlied) ersetzt werden.

Oder:
Psalm 118 (GL 643, 3+5) (KirchenmusikerIn / Alle – singen) 8.b
Kehrvers: GL 643, 3 („Jubelt dem Herrn, alle Lande, Halleluja, preist unsern Gott!")
Verse: GL 643, 5: Verse 17–18, 21–24
Der Kehrvers wird nach jedem Psalmvers von allen wiederholt.

An Pfingsten:
Psalm 118 (GL 645, 3+4) (KirchenmusikerIn / Alle – singen) 8.c
Kehrvers: GL 645, 3 („Sende aus deinen Geist, und das Antlitz der Erde wird neu!")
Verse: GL 645, 4: Verse 1+2, 5–8
Der Kehrvers wird nach jedem Psalmvers von allen wiederholt.

An Sonntagen und Hochfesten folgt die zweite Lesung. Wenn mehrere LektorInnen anwesend sind, sollte die zweite Lesung von einem/einer weiteren LektorIn vorgetragen werden.

## Zweite Lesung 9.

Der/die LektorIn geht zum Ambo und trägt die zweite Lesung vom Tage (siehe Lektionar) vor.

## Ruf vor dem Evangelium 10.

GL 175, 2 10.abc

Der dazugehörige Vers sollte der Messe vom Tage aus dem Lektionar entnommen werden.

## 11. Evangelium

Der/die LeiterIn (bzw. LektorIn) geht zum Ambo und verkündet das Evangelium vom Tage (siehe Lektionar bzw. Evangeliar).
MessdienerInnen können die Evangelienprozession mit Leuchtern begleiten. Ggfs. kann das Lektionar/Evangeliar auch mit Weihrauch verehrt werden.
Bei der Einleitung zum Evangelium entfällt der Zuruf: „Der Herr sei mit euch“, falls ein Laie das Evangelium vorträgt. Er/sie beginnt sofort mit:

Lt.: **Aus dem heiligen Evangelium nach** N.
A.: **Ehre sei dir, o Herr.**

Wird Weihrauch verwendet, so inzensiert der/die LeiterIn (bzw. LektorIn) zunächst das Buch; dann verkündet er/sie das Evangelium.
Nach dem Evangelium fügt der/die LeiterIn (bzw. LektorIn) folgende Schlussformel an:

Lt.: **Evangelium unseres Herrn Jesus Christus.**

Oder:

Lt.: **Frohe Botschaft unseres Herrn Jesus Christus.**
A.: **Lob sei dir, Christus.**

Zur Verehrung des Wortes Gottes küsst der/die LeiterIn (bzw. LektorIn) das Lektionar bzw. das Evangeliar.

Sofern keine Lesepredigt oder ein entsprechender Meditationstext zur Verfügung steht, wird empfohlen, nach der Verkündigung des Evangeliums eine Stille zu halten und die Gläubigen zum Nachdenken über die gehörten Texte einzuladen, z. B.:

**Lt.:** Wir haben das Wort Gottes in den/der Lesung(en) und im Evangelium gehört. Wir wollen dieses Wort in einigen Momenten der Stille bedenken.

An Sonntagen, an Hochfesten und bei anderen festlichen Gottesdiensten (jedoch nicht an Pfingstmontag) folgt das Credo (Glaubensbekenntnis):

## Credo 12.

Es wird das Apostolische Glaubensbekenntnis gesprochen (GL 3, 4). 12.a

**Lt.:** Wir sprechen das Apostolische Glaubensbekenntnis.

**A.:** Ich glaube an Gott,
den Vater, den Allmächtigen,
den Schöpfer des Himmels und der Erde,
und an Jesus Christus,
seinen eingeborenen Sohn, unsern Herrn,
empfangen durch den Heiligen Geist,
geboren von der Jungfrau Maria,
gelitten unter Pontius Pilatus,
gekreuzigt, gestorben und begraben,
hinabgestiegen in das Reich des Todes,
am dritten Tage auferstanden von den Toten,
aufgefahren in den Himmel;
er sitzt zur Rechten Gottes,
des allmächtigen Vaters; →

**von dort wird er kommen,**
**zu richten die Lebenden und die Toten.**
**Ich glaube an den Heiligen Geist,**
**die heilige katholische Kirche,**
**Gemeinschaft der Heiligen,**
**Vergebung der Sünden,**
**Auferstehung der Toten**
**und das ewige Leben. Amen.**

Oder:

12.b GL 180 „Credo in unum Deum"

Oder:

12.c GL 355, 1.–5. Str. „Wir glauben Gott im höchsten Thron"

## 13. Fürbitten

(aus einem Fürbittbuch aus der Sakristei oder eines der folgenden Formulare:)

13.1 Die nachfolgenden Rufe „Gott, unser Vater: Wir bitten dich, erhöre uns" können auch jeweils gesungen werden.

Lt.: **In diesen Tagen wollen wir in österlicher Freude und Zuversicht zu unserem Gott und Vater beten:**

L.: **Für alle, die in dieser Osterzeit getauft werden: dass Glaube, Hoffnung und Liebe sich in ihrem Leben immer mehr entfalten können. - Gott, unser Vater:**

A.: **Wir bitten dich, erhöre uns.**

L.: Für alle Menschen, die nicht an dich glauben, aber in ihrem tiefsten Inneren nach dem Sinn ihres Lebens suchen: dass sie den Weg zu dir finden. - Gott, unser Vater:
A.: Wir bitten dich, erhöre uns.

L.: Für das jüdische Volk, das du als erstes auserwählt hast, und für alle Völker dieser Erde: dass sie miteinander in Frieden und gegenseitiger Hilfe leben. - Gott, unser Vater:
A.: Wir bitten dich, erhöre uns.

L.: Für alle, die zu unserer Gemeinde gehören: dass sie im Gebet und in der Begegnung mit dem auferstandenen Christus sich verwandeln lassen und zu neuen Menschen werden. - Gott, unser Vater:
A.: Wir bitten dich, erhöre uns.

L.: Für unsere Verstorbenen: nimm sie auf in das himmlische Jerusalem und lass sie in deinem Licht für immer leben. - Gott, unser Vater:
A.: Wir bitten dich, erhöre uns.

Ggfs. kann man noch als Fürbitte einfügen (z. B. Messintentionen aufgreifen):

L.: Wir beten heute besonders für ... - Gott, unser Vater:
A.: Wir bitten dich, erhöre uns. →

L.: Für alle, die den Ruf zur besonderen Nachfolge in der Kirche vernehmen: dass sie den Mut haben, diesem Ruf zu folgen. - Gott, unser Vater:

A.: Wir bitten dich, erhöre uns.

Lt.: Du hast dich uns durch die Auferstehung deines Sohnes Jesus Christus als der Gott des Lebens offenbart. Wir loben dich und preisen dich, heute und alle Tage bis in Ewigkeit.

A.: Amen.

Oder:

13.2 Die nachfolgenden Rufe „Christus, höre uns – Christus, erhöre uns“ können auch jeweils gesungen werden.

Lt.: Herr Jesus, du bist die Auferstehung und das Leben. Voll Vertrauen tragen wir unsere Bitten vor dich hin:

L.: Für unseren Papst N., unseren Bischof N. und für alle Bischöfe, denen du in der Nachfolge der Apostel das Hirtenamt anvertraut hast, und für alle, denen du in deiner Kirche eine Aufgabe übertragen hast. - Christus, höre uns.

A.: Christus, erhöre uns.

L.: Für alle Neugetauften und für alle, die in diesem Jahr erstmals zum Tisch des Herrn gehen dürfen. - Christus, höre uns.

A.: Christus, erhöre uns.

L.: Für alle, die sich schwertun mit dem Glauben an deine Auferstehung, für die Zweifler und für alle, die auf der Suche nach dir sind. - Christus, höre uns.
A.: Christus, erhöre uns.

L.: Für alle, die in unserer Stadt (Gemeinde) und in unserem Land Führungsaufgaben in Politik, in Wirtschaft und Erziehung, in Forschung und Lehre übernommen haben. - Christus, höre uns.
A.: Christus, erhöre uns.

L.: Für die Einsamen und Kranken, die Verzweifelten und Mutlosen, für alle, die keine Hoffnung mehr haben, für die Sterbenden und Verstorbenen. - Christus, höre uns.
A.: Christus, erhöre uns.

Ggfs. kann man noch als Fürbitte einfügen (z. B. Messintentionen aufgreifen):

L.: Wir beten heute besonders für ... - Christus, höre uns.
A.: Christus, erhöre uns.

L.: Für unsere Kirche: um Dienste und Berufungen, die wir zum Aufbau und zur Erneuerung des kirchlichen Lebens benötigen. - Christus, höre uns.
A.: Christus, erhöre uns.

→

**Lt.:** **Denn du, Herr, bist der Freund aller Menschen und willst, dass wir froh sind. Auf deine Nähe und Freundschaft vertrauen und hoffen wir, heute und alle Tage unseres Lebens bis in Ewigkeit.**

**A.:** **Amen.**

## 14. Dank für das Wort Gottes

Als Dank für das Wort Gottes wird ein geeignetes Lied gesungen. Falls es als angebracht erachtet wird, kann an dieser Stelle eine Kollekte durchgeführt werden. Es wird jedoch empfohlen, sie als Türkollekte am Ende der Wort-Gottes-Feier anzukündigen und durchzuführen.

14.a GL 328, 1.–5. Str. „Gelobt sei Gott im höchsten Thron"

Oder:

14.b GL 332, 1.–4. Str. „Die ganze Welt, Herr Jesu Christ"

An Pfingsten:

14.c GL 351, 1.–4. Str. „Komm, Schöpfer Geist, kehr bei uns ein"

Falls keine Kommunionfeier stattfinden soll, entfallen die folgenden Ziffern [15] bis [17], [20] und [22]. In diesem Falle fährt man mit Ziffer 18 (Vaterunser) und Ziffer 19 (Friedensgruß) fort.
Falls die Kommunion ausgeteilt werden soll:

## [15.] Einleitung der Kommunionfeier

Sofern eine Person, die keine bischöfliche Beauftragung zum Austeilen der Kommunion besitzt, die Leitung der Wort-Gottes-Feier innehat, sollte die Leitung des Kommunionteils ein/e KommunionhelferIn übernehmen. Er/sie tritt jetzt an den Altartisch. Soweit sich weitere KommunionhelferInnen noch in den Bänken aufhalten und

für das Austeilen benötigt werden, sollten auch sie jetzt zum Altar kommen.
Der/die KommunionhelferIn leitet in die Kommunionfeier über und stellt hierbei eine Verbindung zur Eucharistiefeier her, in der die Hostien, die jetzt ausgeteilt werden sollen, konsekriert worden sind. Das kann mit den folgenden Worten geschehen:

**Ko.:** Wir haben das Wort Gottes gehört. In den Worten der Heiligen Schrift ist Jesus Christus unter uns gegenwärtig.
In der Wort-Gottes-Feier werden im Gegensatz zur Eucharistiefeier keine Gaben in seinen Leib und sein Blut verwandelt. Die heilige Kommunion bleibt die Frucht der Eucharistiefeier. Wenn wir also jetzt seinen Leib empfangen, verbindet uns das mit der Eucharistiefeier, die wir am vergangenen Wochenende (ggfs. einen anderen Termin angeben) hier (ggfs. einen anderen Ort einfügen, z. B. in der Kirche St. ...) zuletzt gefeiert haben. Nach unserem katholischen Glaubensverständnis ist die bleibende Gegenwart des Herrn im eucharistischen Brot für uns ein kostbares Gut, das den Glauben nährt, die Hoffnung stärkt und die Gemeinschaft mit unserem Herrn Jesus Christus festigt.

## Übertragung des Allerheiligsten [16.]

Der/die KommunionhelferIn breitet das (ggfs. von einem/einer MessdienerIn herbeigebrachte) Korporale auf dem Altar aus. Danach holt er/sie oder währenddessen ein/e andere/r KommunionhelferIn das

Allerheiligste aus dem Tabernakel und stellt das Ziborium auf den Altar. Dabei kann das Allerheiligste von MinistrantInnen mit Leuchtern begleitet werden.
Dazu wird ein Sakramentslied gesungen:

[16.a +c] GL 331, 1.+4. Str. „Ist das der Leib, Herr Jesu Christ"

Oder:

[16.b] GL 281, 1.+3. Str. „Also sprach beim Abendmahle"

## [17.] Anbetung

Sofern es insbesondere aus gesundheitlichen Gründen möglich ist, sollten sich alle anwesenden liturgischen Dienste vor dem Altar auf die Stufe knien und eine Weile mit der Gemeinde in stillem Gebet vor dem Allerheiligsten verharren.
Ggfs. kann eine kurze eucharistische Anbetung erfolgen, z.B. GL 674, 2 oder 675, 6 oder 675, 8 oder 676, 1.
Danach versammeln sich die KommunionhelferInnen und ggfs. die übrigen liturgischen Dienste hinter dem Altar.

## 18. Vaterunser

Ko. bzw. Lt.: **Lasset uns beten,**
**wie der Herr uns zu beten gelehrt hat:**
A.: **Vater unser im Himmel,**
**geheiligt werde dein Name.**
**Dein Reich komme.**
**Dein Wille geschehe,**
**wie im Himmel so auf Erden.**
**Unser tägliches Brot gib uns heute.**
**Und vergib uns unsere Schuld,**

wie auch wir vergeben unsern Schuldigern.
Und führe uns nicht in Versuchung,
sondern erlöse uns von dem Bösen.
Denn dein ist das Reich
und die Kraft und die Herrlichkeit
in Ewigkeit.
Amen.

## Friedensgruß 19.

In der Osterzeit erfolgen Einladung und Friedensgebet mit folgenden Worten:

**Ko. bzw. Lt.:** Am Ostertag
trat Jesus in die Mitte seiner Jünger
und sprach den Friedensgruß.
Deshalb bitten wir:
Herr Jesus Christus,
du Sieger über Sünde und Tod,
schau nicht auf unsere Sünden,
sondern auf den Glauben deiner Kirche
und schenke ihr nach deinem Willen
Einheit und Frieden.

Am Pfingsttag erfolgen Einladung und Friedensgebet mit folgenden Worten:

**Ko. bzw Lt.:** Unser Herr Jesus Christus
hat den Heiligen Geist gesandt,
damit er die Kirche aus allen Völkern
in Einheit und Liebe zusammenfüge. →

Deshalb bitten wir:
Herr Jesus Christus,
schau nicht auf unsere Sünden,
sondern auf den Glauben deiner Kirche
und schenke ihr nach deinem Willen
Einheit und Frieden.

Es folgt die Einladung zur Bekundung der Bereitschaft zu Frieden und Versöhnung:

Ko. bzw. Lt.: Geben wir einander ein Zeichen des Friedens und der Versöhnung.

Falls keine Kommunion ausgeteilt wird, weiter mit dem Segen unter Ziffer 23.

## [20.] Kommunionausteilung

Der/die KommunionhelferIn macht eine Kniebeuge vor dem Allerheiligsten, öffnet das Ziborium, entnimmt eine Hostie, hebt diese über dem Ziborium hoch und spricht:

Ko.: Seht das Lamm Gottes,
das hinwegnimmt die Sünde der Welt.
A.: Herr, ich bin nicht würdig,
dass du eingehst unter mein Dach,
aber sprich nur ein Wort,
so wird meine Seele gesund.

Der/die KommunionhelferIn kann hinzufügen:

Ko.: Selig, die zum Hochzeitsmahl des Lammes geladen sind.

Oder:

**Ko.: Kostet und seht, wie gut der Herr ist.**

Oder:

**Ko.: Wer von diesem Brot isst, wird in Ewigkeit leben.**

Oder den Kommunionvers der Tagesmesse aus dem Messbuch.

Danach folgt das Austeilen der Kommunion in der üblichen Form. Zuerst kommunizieren der oder die KommunionhelferInnen und die anderen liturgischen Dienste, dann die Gemeinde.
Falls absehbar ist, dass die vorhandenen Hostien nicht für alle reichen, sollten die Hostien bereits jetzt am Altar geteilt werden.

## Zur Austeilung Orgelspiel

Im Anschluss wird das Allerheiligste zurück zum Tabernakel gebracht. Dabei kann das Allerheiligste von MessdienerInnen mit Leuchtern begleitet werden.
Es folgt eine Stille zum persönlichen Dankgebet.

## Danksagung [21.]

GL 337, 1.–5. Str. „Freu dich, erlöste Christenheit" [21.a]

Oder:
GL 326, 2.–5. Str. „Es ist erstanden Jesus Christ" [21.b]

An Pfingsten:
GL 342, 1.–4. Str. „Komm, Heilger Geist, der Leben schafft" [21.c]

## [22.] Abschlussgebet

Das Abschlussgebet erfolgt vom Sitz aus. Sofern dort kein Mikrofon vorhanden ist, kann es notfalls auch vom Ambo aus erfolgen.
Wenn die heilige Kommunion ausgeteilt worden ist, kann man in der Regel das Schlussgebet vom Tage aus dem Messbuch oder dem Schott nehmen. Man sollte jedoch prüfen, ob es auch für die alleinige Austeilung des konsekrierten Brotes (ohne Wein) geeignet ist. Das für das Pfingstfest im Messbuch angegebene Schlussgebet ist in jedem Fall geeignet. Ansonsten:

[22.1] Lt.: Lasset uns beten. – ggfs. kurze Stille –
Allmächtiger Gott und Vater,
du hast deinen gekreuzigten Sohn auferweckt
und ihm, dem Lebendigen,
die Macht des lebenspendenden Geistes gegeben.
Nimm dich deiner Kirche an, o Herr,
und erneuere ihre Jugend.
Lass sie aufleben durch den Geist,
dessen Zeichen das Feuer ist.
Darum bitten wir durch ihn, Christus, unseren Herrn.

A.: Amen.

Oder:

[22.2] Lt.: Lasset uns beten. – ggfs. kurze Stille –
Gütiger Gott,
bewahre dem Volk der Erlösten
deine Liebe und Treue.
Das Leiden deines Sohnes hat uns gerettet,
seine Auferstehung erhalte uns in der Freude.

**Darum bitten wir durch Christus, unseren Herrn.**

A.: **Amen.**

## Segen und Entlassung 23.

Segen und Entlassung erfolgen vom Sitz aus. Sofern dort kein Mikrofon vorhanden ist, können sie notfalls auch vom Ambo aus erfolgen.

In der Osterzeit (nicht an Christi Himmelfahrt oder Pfingsten):

Lt.: **Der allmächtige Gott hat uns durch die Auferstehung seines Sohnes aus Sünde und Tod befreit; er segne uns und schenke uns seine Freude.**

A.: **Amen.**

Lt.: **Und Christus, mit dem wir auferstanden sind durch den Glauben, bewahre in uns die Gabe der Erlösung.**

A.: **Amen.**

Lt.: **Gott hat uns in der Taufe angenommen als Kinder seiner Gnade; er schenke uns das verheißene Erbe.**

A.: **Amen.** →

An Christi Himmelfahrt:

Lt.: Der allherrschende Gott, der heute Christus zu seiner Rechten erhöht und uns den Zugang zum Leben erschlossen hat, gewähre uns die Fülle seines Segens.

A.: Amen.

Lt.: Vor den Augen seiner Jünger wurde Christus zum Himmel erhoben; er sei uns ein gnädiger Richter, wenn er wiederkommt.

A.: Amen.

Lt.: Er thront in der Herrlichkeit des Vaters und bleibt dennoch inmitten seiner Kirche; er schenke uns den Trost seiner Gegenwart.

A.: Amen.

An Pfingsten:

Lt.: Der gütige Gott hat die Jünger durch die Eingießung des Heiligen Geistes erleuchtet; er segne uns und schenke uns den Reichtum seiner Gaben.

A.: Amen.

Lt.: Jenes Feuer, das in vielen Zungen auf die Jünger herabkam, reinige unsere Herzen und entzünde in uns die göttliche Liebe.

A.: Amen.

Lt.: Der Heilige Geist, der die vielen Sprachen im Bekenntnis des Glaubens geeint hat, festige uns in der Wahrheit und führe uns vom Glauben zum Schauen.

A.: Amen.

Hieran schließt sich stets an:

Lt.: Das gewähre uns der dreieinige Gott,

(alle bekreuzigen sich)

der Vater und der Sohn und der Heilige Geist.

A.: Amen.

Falls nach den Fürbitten keine Kollekte abgehalten worden ist, kann diese als Türkollekte nach dem Auszug erfolgen. Die Türkollekte (und ggfs. ihr Verwendungszweck) wäre an dieser Stelle anzukündigen, z. B.:

Lt.: Die Kollekte, die wir heute als Türkollekte am Ende der Wort-Gottes-Feier durchführen, ist für ... (Verwendungszweck ergänzen) bestimmt. Wir danken Ihnen für das, was Sie geben können.

Oder (ohne Verwendungszweck):

Lt.: Die Kollekte wird heute als Türkollekte am Ende der Wort-Gottes-Feier durchgeführt. Wir bedanken uns für das, was Sie geben können.

Es folgt der Entlassungsruf:

Lt.: Gehet hin in Frieden.

A.: Dank sei Gott, dem Herrn.

Oder (gesungen):

Lt.: **Gehet hin in Frieden. Halleluja, Halleluja.**
A.: **Dank sei Gott, dem Herrn. Halleluja, Halleluja.**

Oder:

Lt.: **Singet Lob und Preis.**
A.: **Dank sei Gott, dem Herrn.**

Sofern der/die LeiterIn der Wort-Gottes-Feier es für angebracht hält, kann noch eine „bürgerliche Verabschiedung" erfolgen, z. B.:

Lt.: **Wir wünschen Ihnen einen schönen und gesegneten Sonntag (Feiertag).**

## 24. Auszug und ggfs. Schlusslied

Der/die LeiterIn und die weiteren liturgischen Dienste versammeln sich vor dem Altar, verehren ihn durch eine Verneigung oder eine Kniebeuge und kehren in die Sakristei zurück.
Da Christus in seinem Wort auch weiterhin in der Gemeinde gegenwärtig ist, wird das Evangeliar beim Auszug nicht mitgenommen.
Während des Auszugs kann, wo es üblich ist, ein Lied gesungen werden:

24.a GL 525, 1.–4. Str. „Freu dich, du Himmelskönigin"

Oder:

24.b GL 324, 2.–4. Str. „Die ganze Erde staunt und bebt"

An Pfingsten:

24.c GL 347, 3.+4. Str. „Der Geist des Herrn treibt Gottes Sohn"

# 5. Anhang

# 5.1 Literaturverzeichnis und Literaturempfehlungen


## Verwendete Literatur

Berger
Rupert Berger, Pastoralliturgisches Handlexikon, 5. Auflage, Freiburg 2013

Blum
Heribert Blum, Gottes Dienst an uns – eine Einführung in die Liturgie, Stuttgart 2017

CCD
Kongregation für den Gottesdienst, Direktorium „Christi ecclesia – Sonntäglicher Gemeindegottesdienst ohne Priester", Vatikan, 2. Juni 1988

Die deutschen Bischöfe
Zum gemeinsamen Dienst berufen. Die Leitung gottesdienstlicher Feiern. Rahmenordnung für die Zusammenarbeit von Priestern, Diakonen und Laien im Bereich der Liturgie (8. Januar 1999). Die deutschen Bischöfe 62, hrsg. vom Sekretariat der DBK.

## Zur Vertiefung empfohlene Literatur

Adolf Adam/Winfried Haunerland, Grundriss Liturgie, 3. überarbeitete und ergänzte Auflage der Neuausgabe 2012, Freiburg 2018

Johannes Paul Chavanne, PAX – Friedensbegriffe in der Eucharistiefeier des Römischen Ritus, Wien 2018

Marion Dürr, „Brannte uns nicht das Herz ..."? Studien zur Pastoralliturgie, Regensburg 2011

Birgit Jeggle-Merz, Walter Kirchschläger, Jörg Müller, Mit der Bibel die Messe verstehen
Band 1: Die Feier des Wortes Gottes, Stuttgart 2015
Band 2: Die Feier der Eucharistie, Stuttgart 2017

Benedikt Kranemann (Hrsg.), Die Wort-Gottes-Feier, Stuttgart 2006

Michael Kunzler, Die Liturgie der Kirche, 2. Auflage, Paderborn 2003

Liborius Olaf Lumma, Crashkurs Liturgie – eine kurze Einführung in den katholischen Gottesdienst, 4. Auflage, Regensburg 2019

Liborius Olaf Lumma, Feiern im Rhythmus des Jahres – eine Einführung in christliche Zeitrechnung und Feste, Regensburg 2016

Martin Stuflesser/Stephan Winter, Geladen zum Tisch des Herrn, Grundkurs Liturgie, Regensburg 2004

Albert Josef Urban/Marion Bexten, Kleines liturgisches Wörterbuch, Freiburg 2007

## 5.2 Abkürzungen

| | |
|---|---|
| A. | Alle |
| Ko. | KommunionhelferIn |
| L. | LektorIn |
| Lt. | LeiterIn der Wort-Gottes-Feier ohne Priester |

| | |
|---|---|
| AEM | Allgemeine Einführung in das römische Messbuch |
| CCD | siehe verwendete Literatur |
| CIC | Codex Iuris Canonici (Kirchliches Gesetzbuch – 1983) |
| DBK | Deutsche Bischofskonferenz |
| GL | Gotteslob – Katholisches Gebet- und Gesangbuch, 2013 |

# 5.3 Stichwortverzeichnis

HERIBERT BLUM ist seit fast drei Jahrzehnten in einer großen Pfarrgemeinde in Kerpen bei Köln für den Einsatz der Kommunionhelfer und Lektoren zuständig und hält immer wieder Fortbildungsveranstaltungen in diesem Bereich. Er ist Verfasser des Buches »Gottes Dienst an uns«.

OLIVER PREISNER ist seit Jahrzehnten ehrenamtlich in mehreren Pfarrgemeinden in der Nähe von Köln u. a. in Liturgie und Katechese tätig. Zu seinen Aufgaben gehören die Vorbereitung von Gottesdiensten im Rahmen von Liturgiekreisen wie auch die Ausbildung von Lektoren.

**VERLAGSGRUPPE PATMOS**

**PATMOS**
**ESCHBACH**
**GRÜNEWALD**
**THORBECKE**
**SCHWABEN**
**VER SACRUM**

Die Verlagsgruppe
mit Sinn für das Leben

Die Verlagsgruppe Patmos ist sich ihrer Verantwortung gegenüber unserer Umwelt bewusst. Wir folgen dem Prinzip der Nachhaltigkeit und streben den Einklang von wirtschaftlicher Entwicklung, sozialer Sicherheit und Erhaltung unserer natürlichen Lebensgrundlagen an. Näheres zur Nachhaltigkeitsstrategie der Verlagsgruppe Patmos auf unserer Website www.verlagsgruppe-patmos.de/nachhaltig-gut-leben

Übereinstimmend mit der EU-Verordnung zur allgemeinen Produktsicherheit (GPSR) stellen wir sicher, dass unsere Produkte die Sicherheitsstandards erfüllen. Näheres dazu auf unserer Website www.verlagsgruppe-patmos.de/produktsicherheit. Bei Fragen zur Produktsicherheit wenden Sie sich bitte an produktsicherheit@verlagsgruppe-patmos.de

Die ständige Kommission für die Herausgabe der liturgischen Bücher im deutschen Sprachgebiet erteilte für die aus diesen Büchern entnommenen Texte die Abdruckerlaubnis. © staeko.net

3. Auflage 2025

Verlagsgruppe Patmos in der Schwabenverlag AG, Ostfildern
www.schwabenverlag-online.de

Umschlaggestaltung: Finken & Bumiller
Satz: SatzWeise, Bad Wünnenberg
Druck: finidr s.r.o., Český Těšín
Hergestellt in Tschechien
ISBN 978-3-7966-1805-5